歴史文化ライブラリー
452

帝都防衛

戦争・災害・テロ

土田宏成

吉川弘文館

目次

帝都空襲

江戸の防衛施設だった「お台場」——プロローグ

軍事施設だったお台場

東京都港区台場《だいば》、通称「お台場」には、テレビ局・ショッピングセンター・レストラン・ホテル・アミューズメント施設などが建ち並び、さまざまなイベントが開催され、多くの人びとで賑わう。東京を代表する観光スポットである。

だが、そもそもその地名のもとになった「台場」とは、江戸時代の砲台のことである。台場は各地の海防上重要な場所に築かれたが、特に、「お台場」＝品川台場は大規模な埋立工事によってつくられた人工島（このような人工島の砲台を「海堡《かいほう》」という）であり、オランダの技術が用いられた最先端の軍事施設であった（以下、「お台場」の記述は、淺川道夫『お台場』、同『江戸湾海防史』）。

品川台場がつくられたきっかけは、「黒船来航」である。一八五三年七月（嘉永六年六月）、日本に開国を求めるアメリカ大統領の国書を携えた、アメリカ東インド艦隊司令長官のペリーが、四隻の軍艦を率いて江戸湾口の浦賀《うらが》に現れた。ペリー艦隊の軍事的圧力を前にして、江戸幕府は久里浜《くりはま》で国書を受け取る。国書受け渡しの前後、ペリーは幕府の制止にもかかわらず、艦隊を江戸湾内に入れ、測量と示威を行ない、ついには川崎付近にまで進出した。幕府は衝撃を受けた（三谷博『ペリー来航』）。

幕府の江戸湾防備は、房総半島の富津《ふっつ》と三浦半島の観音崎《かんのんざき》を結ぶ線に重点が置かれていた。しかし、当時の大砲の能力をもってしては、富津・観音崎の間、約八キロ全域を射程圏内に収めることができなかった。内湾進入の強い意志を持った艦隊に対して、幕府は有効な抑止力を持たなかったのである。ペリーは翌年の再来航を予告し、いったん日本を去った。

幕府は急いで江戸湾防備の見直しを図った。調査の結果、江戸湾の守りを固めるには、大砲の射程不足を補うため、観音崎近くの旗山崎《はたやまざき》と富津岬を結ぶ海上に、新たに九ヵ所の台場を建設することが必要と考えられた。しかし、すぐには実現不可能なので、内海に侵入された場合の防備から取りかかることにした。それすら時間的にも財政的にも厳しい状況にあったため、幕府は江戸市街の直接防衛を最優先事項とした。それが品川沖への台場建設であった。こうして深川《ふかがわ》沖から品川沖にかけて一一基の建設が計画され、まずは一番台場から三番台場までの埋立工事が始まった。

ペリー再来航と安政江戸地震

ペリーの再来航は、一八五四年二月（嘉永七年正月）のことである。横浜における日米の交渉により、三月に日米和親条約が締結された。四月、帰国を前にしたペリーは、江戸にできるだけ近づきたいと思い、軍艦を羽田《はねだ》沖まで進出させた。このとき一番から三番台場はなお建設途上にあり、五・六番台場は建設に着手したばかり、その他は未着工であった。台場の建設は間に合わなかった。日米和親条約の締結により当面の危機は回避されたため、その後、品川台場の建設計画は縮小される。

一八五五年一一月一一日（安政二年一〇月二日）午後一〇時頃、江戸直下でマグニチュード七程度と推定される大地震が発生した。江戸は震度五から六の揺れに襲われた。火災も発生し、微風であったものの、焼失面積は一・五平方キロに及んだ。家屋の倒壊や火災によって、一万人前後の人が死亡した（中央防災会議災害教訓の継承に関する専門調査会報告書『一八五五　安政江戸地震』）。江戸は黒船、つづいて地震に揺さぶられた。地震では埋立地である台場も大きく揺れ、被害が生じた。特に被害が大きかったのは、会津藩が守備に就いていた二番台場である。夜間の突然の地震に、アメリカの砲撃と勘違いした者もい

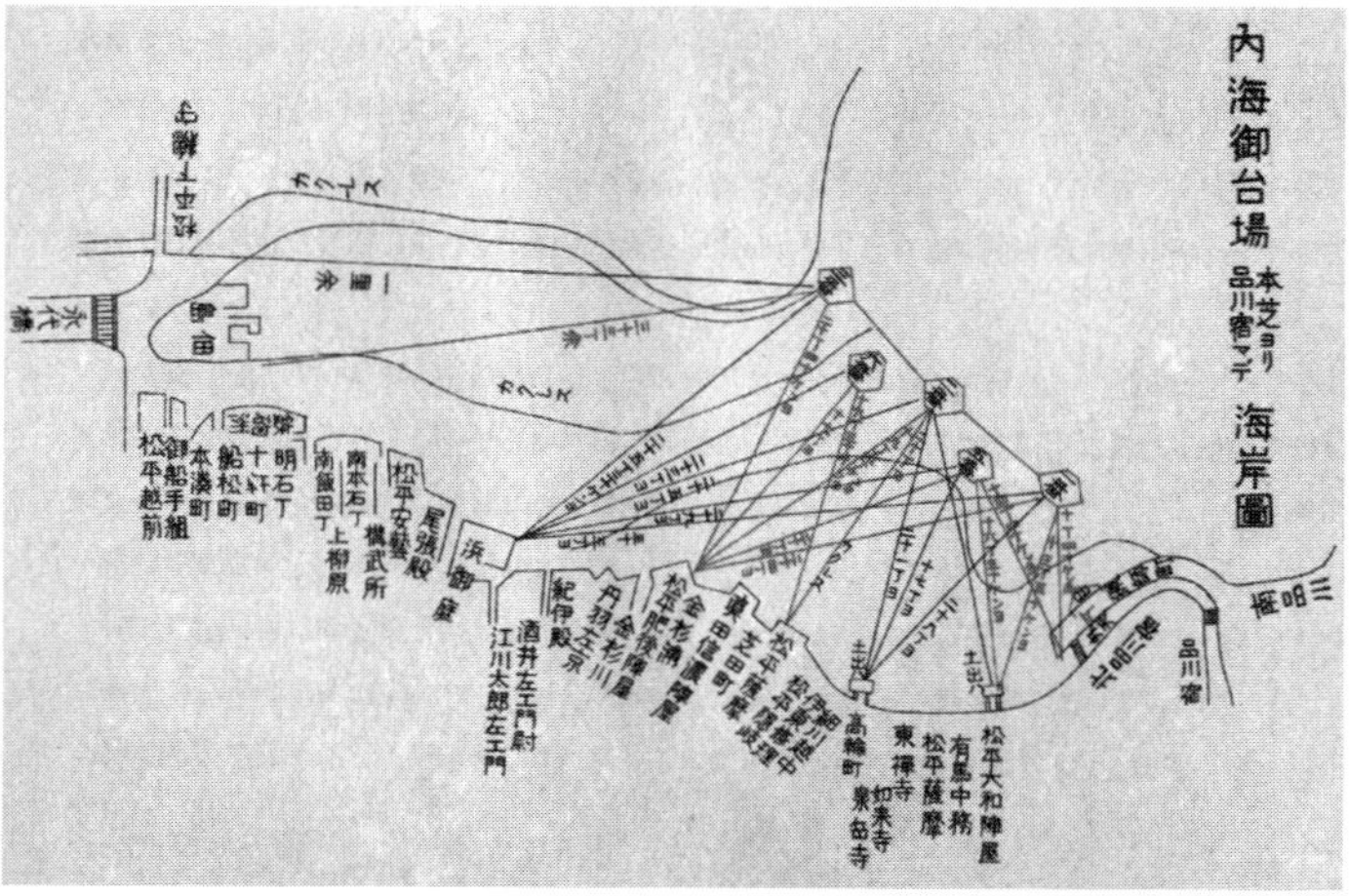

図１　品川台場（東京市保健局公園課編『品川台場』東京市，1927年）

たという。激しい震動のために、横に長く両端にしか出入口のない建物が倒壊、屋根が落ちて人が閉じ込められ、火災も発生した。火薬庫への引火は免れたものの、脱出できなかった人びとが亡くなった（野口武彦『安政江戸地震』）。

品川台場で計画どおり完成に至ったのは、一・二・三・五・六番台場だけであったが（図1）、明治維新を迎えるまで海堡としての役割を果たした。その後、湾岸の埋め立てや港湾整備のために、撤去が進められた。現存しているのは、「台場公園」として整備されている第三台場と、レインボーブリッジから見下ろせる海上にある第六台場の二基のみである（佐藤正夫『品川台場史考』）。

本書のねらい

本書のテーマは、〝近代日本の帝都である東京は、何からどのように守られてきたか〟である。日本は島国である。よって前述のように、江戸、そして東京の防衛は、敵艦船による海上からの攻撃を防ぐことに重点が置かれてきた。それを劇的に変えてしまったのが、二〇世紀における航空機の発達である。

また、日本は災害多発国である。前述した地震をはじめ、台風（安政江戸地震の翌一八五六年にも、江戸は台風による大きな被害を受けている）などの自然災害、木造家屋が密集した地域が多いことに由来する火災にも、東京の安全は脅かされた。地震とその後に発生した同時多発火災により巨大災害となったのが、一九二三（大正一二）年の関東大震災である。そして、こうした火災に対する脆弱《ぜいじゃく》性を利用して、第二次世界大戦末期に焼夷弾《しょういだん》の大量投下により東京を焼き払ったのが、アメリカ軍であった。

自然災害や戦争以外にも、政府に不満を持つ民衆による暴動や、二・二六事件に代表される軍隊の反乱などによって、東京は危機に陥った。

本書では「防衛」の意味を広くとらえ、戦争などの人為災害のみならず、自然災害への対処まで含める。原因は異なるものの、各災害の態様は似ていたり、同じ対策が用いられたりする。狭義の「防衛」では、見落とされてしまうことがらが多いと考えるからである。近代の東京を襲った人為と自然の災害とそれらへの対処を検討し、さらにその社会的影響を論じることが、本書のねらいである。

以下、史料の引用にあたっては、漢字をなるべく新字体に直したほか、濁点、読点なども適宜補い、筆者による注は〔　〕で記した。また、本文中で史料を直接引用した箇所は「　」または字下げで、要約して引用した箇所は〝　〟で示す。

日露戦争までの帝都防衛

帝都防衛態勢の形成

近代国家体制の整備

一八六八（明治元）年、戊辰戦争において、江戸城は戦闘なしで新政府側に明け渡される。その後、新政府軍と旧幕府勢力の一部（彰義隊《しょうぎたい》）が上野山周辺で戦ったが、江戸は大きな被害をこうむることなく明治新政府の支配下に入り、「東京」とされた。一八六九年には、京都から天皇と太政官《だじょうかん》が東京に移り、帝都となった。

佐幕勢力との戦いの末に成立した明治新政府は、まずは国内の安定化に努めねばなかった。中でも帝都である東京の治安確保は、もっとも重要であった。当初、東京の軍事施設は政府そのものを防衛するため、政府機関の集中する皇居周辺に配置された。

明治政府は一八七一年に、維新を主導した薩摩・長州・土佐三藩の有する強力な軍隊を東京に呼び出し、「御親兵《ごしんぺい》」として政府の管轄下に入れ、その実力を背景に、廃藩置県《はいはんちけん》を断行した。それにともない諸藩の有していた軍隊も解体され、それらの兵は、東京・大阪・鎮西《ちんぜい》（熊本）・東北（仙台）に設置された四つの鎮台《ちんだい》に組み入られた。一八七二年に御親兵は、近衛兵《このえへい》と改称された。一八七三年には徴兵令《ちょうへいれい》が発布された。鎮台の配置も改められ、東京・仙台・名古屋・大阪・広島・熊本の六鎮台が設置された（原剛『明治期国土防衛史』）。

こうして欧米をモデルとする近代的な軍隊制度が導入された。けれども、政府部内の主導権争いと、近代化政策で特権を奪われた士族の不満が結びつき、士族による反乱が発生した。一八七四年の佐賀の乱、一八七七年の西南戦争には、東京の軍隊も派遣された。政府軍はこれらの戦いに勝利し、西南戦争を最後に士族反乱はあとを絶った。しかし一八七八年には近衛砲兵が、西南戦争での論功行賞《ろんこうこうしょう》などに対する不満を理由に、反乱を起こした（竹橋《たけばし》事件）。政府はそれに厳罰で臨み、軍紀の確立をめざした。後述する憲兵の設置もその一環である。

明治政府は、国内治安問題への対応と並行して、外敵からの帝都防衛も考えていた。それは江戸幕府同様、東京湾への敵艦船の侵入を防ぐために、湾口に砲台を築くというものであった。同様に大砲の射程の問題から、海堡《かいほう》を造成することも考えられた。しかし、国内問題優先の見地から着工は遅れ、最初の砲台工事が三浦半島の観音崎《かんのんざき》で始まったのは一八八〇年のことであった。翌年には房総半島の富津《ふっつ》海堡（のちの第一海堡）の工事、横須《よこす》賀《か》沖の猿島《さるしま》の砲台工事が始まり、その後も湾口各地に砲台が建設されていく。富津海堡が一八九〇年に竣工すると、さらに沖合に第二海堡、第三海堡を増設することが決まった。一八九二年に第二海堡の本格的工事と、第三海堡の工事がスタートした（原剛『明治期国土防衛史』、同「東京湾第三海堡の建設経緯について」）。

海岸砲台とともに、海からの攻撃に備える海軍の根拠地整備も進められた。横須賀には幕末から製鉄所（造船所）が置かれ、その後も海軍施設がつくられていた。一八八四年一二月には横浜にあった「東海鎮守府《ちんじゅふ》」が横須賀へ移転して「横須賀鎮守府」となり、それら施設を含む軍港を所管することになった（横須賀市編『新横須賀市史』別編・軍事）。

警察機構の整備

明治のはじめ、国内が不安定な時期においては、軍隊と警察は未分化であった。その後、欧米をモデルとした近代的な警察制度が整えられていった。東京の警察事務を担う組織として、一八七四（明治七）年に東京警視庁が設置されたが、一八七七年に廃止され、一八八一年にふたたび独立した組織として警視庁が設置された（警視庁史編さん委員会編『警視庁史』明治編）。

警視庁の設置と同時に、軍事警察である憲兵制度が創設された。東京には東京憲兵隊が置かれたが、東京憲兵隊には警察から憲兵に転じた者が多かった（大日方純夫『日本近代国家の成立と警察』）。憲兵の役割は、軍人の取締り、軍事機密の漏洩防止、戦地での警察業務などであったが、軍隊外の一般人であっても、必要に応じて取締まることができた。このように、軍隊と警察の両方の性質を合わせ持つ憲兵は、大規模な暴動などにも出動した。東京への憲兵隊の設置は、その時期に盛り上がりをみせていた自由民権運動への対抗措置でもあった（荒川章二「首都の軍隊の形成」）。

第二次世界大戦前の警察は、現在と異なり、消防も所管していた。警視庁は、江戸の町《まち》火消《びけし》の伝統を引き継ぐ消防組を管轄下に置いた。ここでも近代化が進む。西洋式のポンプの導入である。当時、人力で動かす腕用ポンプと、蒸気力を使う大型の蒸気ポンプがあった。一八八四年には腕用ポンプの国産化、蒸気ポンプの輸入による本格的な器械化が進められた。運用に知識と技術を必要とする蒸気ポンプの導入が進むと、それを操作する常勤職員が採用されるようになった。そのため、彼らと、腕用ポンプを主力とする消防組が並立することとなった（東京の消防百年記念行事推進委員会編『東京の消防百年の歩み』、鈴木淳『町火消たちの近代』）。

このように明治一〇年代の終わりころまでに、国内の安定が確保され、軍隊（東京鎮台、近衛）、東京湾口の砲台群、東京憲兵隊、警視庁の警察力・消防力によって、帝都防衛態勢は整備されていった。明治二〇年代になると、皇居周辺に兵力を集中しておく意味は低下した。

軍隊の拡張・再編・移転

一八八八（明治二一）年、鎮台制が廃され、師団《しだん》制に移行した。六鎮台は第一から第六までの師団に再編された。この改革は、軍隊を戦時編成に円滑に移行できるようにすることや、鎮台を師団に改組し、独立して作戦を遂行する能力を持ち、かつ機動的な運用を可能とする組織に変えることを目的としたもので、部隊の拡充がなされた。

東京鎮台は、第一師団になった。一八九一年には近衛も師団に改編され、帝都・東京は近衛師団と第一師団の二つの師団を合わせ持つ、国内随一の大軍事都市となる。その一方で、近代的な都市建設をめざした都心部開発の要請、軍拡にともなう十分な用地確保の観点などから、軍事施設の郊外移転が進められた。

皇居周辺に置かれていた部隊の多くは、軍の中央機関や皇居の守護を任務とする近衛の一部を除き、赤坂・麻布《あざぶ》方面に移転した。これらの地域には、以前からあった部隊を含め、第一師団司令部、歩兵第一連隊、歩兵第三連隊、近衛歩兵第三連隊、近衛歩兵第四連隊などが置かれるようになった。

さらに外側への移転は、赤羽《あかばね》・目黒、そして江戸川を越えた千葉県に及んだ。千葉県の下総《しもうさ》台地には明治のはじめから、東京の軍隊が使う習志野原《ならしのはら》演習場、下志津原《しもしづはら》演習場が設けられていたが、一八八五年に国府台《こうのだい》（現在の市川市）に下士官養成を目的とする教育機関である陸軍教導団が移転した。一八八七年には赤羽に近衛および東京鎮台の工兵隊が移転した。目黒には、一八九一年に第一師団の騎兵隊、陸軍乗馬学校が移転し、翌九二年には輸送や補給を担当する部隊である近衛輜重《しちょう》兵《へい》大隊が置かれた（荒川章二「首都の軍隊の形成」、東京百年史編集委員会編『東京百年史』第三巻）。

日清戦争時の帝都防衛

帝都防衛がもっとも重要になるのは、当然ながら戦時である。日清戦争は、近代日本で最初の本格的な対外戦争であった。

一八九四（明治二七）年七月、朝鮮問題をめぐって日本は清国に対して開戦を決意した。帝都防衛については、陸軍に関しては七月二四日、東京湾要塞の戦備が下令され、二五日に臨時東京湾守備隊司令部および守備隊の編成が定められた（東京湾要塞司令部「東京湾要塞歴史」第一号、茶園義男編『東京湾要塞司令部極秘史料』第一巻）。

しかし、当時東京湾要塞の建設は、なおその途上にあったばかりか、要塞の任務や防禦《ぼうぎょ》計画も明確に定められておらず、弾薬類にも事欠くという有様であった。また、要塞と協同して東京湾の守備にあたるべき横須賀鎮守府との連係も、不十分であった（毛塚五郎編

著『東京湾要塞歴史』〈復刻・集成版〉第二巻)。

このように、日清戦争では、帝都防衛の準備が不十分なまま開戦したのである。日本艦隊は開戦後すぐ、七月二五日の豊島沖《ほうとうおき》海戦で清国艦隊に勝利したが、東京湾要塞司令部(臨時東京湾守備隊司令部の後身)がまとめた記録には、緒戦における勝利の報を聞いて「我要塞防備不完全ナル今日此報ニヨリ少シク人心ヲ安堵セシメタリ」(八月二日)と書かれている(前掲「東京湾要塞歴史」第一号)。さらに九月一七日の黄海《こうかい》海戦でも日本艦隊は勝利、日本本土が清国軍艦の攻撃にさらされる可能性は低下した。

一八九五年一月一八日、「首府及永久ノ目的ヲ以テ海岸ニ建設シタル防禦地点」(東京とその他要塞を設けて防衛している地点)における陸海軍協同作戦について規定した「防務条例」(勅令第八号)が公布された。開戦から約半年経ってから、東京などの本土の重要拠点を防衛するための方法が、正式に定められたのである。「東京防禦」については、「東京防禦ハ東京防禦総督ヲシテ要塞司令官、師団長(若《も》クハ野戦隊指揮官)及横須賀鎮守府司令長官ヲ統《す》べ、東京防禦ニ関スル全般ノコトヲ計画指揮セシム」とされた。

同日「東京防禦総督部条例」(勅令第九号)も公布された。東京防禦総督部には長として東京防禦総督(陸軍大将、または中将)が置かれ、天皇に直隷《ちょくれい》して東京防禦にあたるとともに、東京の衛戍《えいじゅ》勤務も統轄することになった。ちなみに「衛戍」とは、陸軍軍隊が恒常的に一地に駐屯すること、「衛戍勤務」とは、その軍隊がその地の警備や軍隊の秩序などの監視、軍施設の保護にあたることである（秦郁彦編『日本陸海軍総合事典 第二版』）。

二月に日本軍は清国海軍の根拠地であり、清国艦隊が立て籠もる山東《さんとう》半島の威海衛《いかいえい》を攻撃、これを占領した。さらに湾内の艦艇に対しても海上と陸上から攻撃を加え、清国艦隊を降伏させた（原田敬一『日清戦争』）。清国海軍が壊滅したことで、日本本土が攻撃を受ける可能性は消滅した。日本は帝都防衛態勢が不備なまま日清戦争に突入し、戦争中にその整備を進めたが、それが具体化してきたころには、すでに東京が攻撃される危険は去っていたのである。三月三〇日に休戦条約が調印され、四月一七日には講和条約が調印がされた。

この間の四月五日には「要塞司令部条例」（勅令第三九号）が公布され、同条例に基づき「臨時東京湾守備隊司令部」は、常設の「東京湾要塞司令部」となった。

日清戦後の帝都防衛

陸軍は日清戦後の軍拡により、第七師団から第一二師団の六個師団を増設した。既設師団にも新たな部隊が加えられた。師団増設にともない、隷下《れいか》部隊の所属や所在地が変わることもあった。

東京とその周辺では、世田谷に一八九八（明治三一）年に都心の竹橋から近衛野戦砲兵連隊が移転し、翌九九年には新設された野戦砲兵第一旅団司令部、野戦砲兵第一三・一四・一五連隊が置かれた（前掲『東京百年史』第三巻）。

市川国府台には、一八九九年に教導団が廃止された跡地に、野戦砲兵第二旅団司令部、野戦砲兵第一六・一七連隊が設置された。同時期に習志野に、騎兵第一旅団司令部と騎兵第一三・一四連隊、騎兵第二旅団司令部と騎兵第一五・一六連隊が置かれた（土田宏成「下総台地の軍事化」）。

帝都防衛の軍備が拡充される一方で、一八九九年のはじめごろから、防務条例に規定された東京防禦のあり方をめぐって、陸海軍の対立が起こった。当時、海軍は陸主海従的な軍事制度を改め、陸軍と対等な関係をつくることをめざしていた。そこで防務条例についても、海軍の司令官である横須賀鎮守府司令長官が、陸軍の司令官である東京防禦総督の指揮下に置かれることに異議を唱えたのである。

陸海軍の対立は二年もつづいた。協議の結果、ほぼ海軍の主張が通る。東京防禦から東京湾防禦を分離させ、東京の陸上防禦を陸軍の担当とし、東京湾防禦のみを横須賀鎮守府司令長官と東京湾要塞司令官が陸海軍協同で（実質上、海軍の主導で）行なうこととなった（原剛『明治期国土防衛史』、桑田悦「統合指揮をめぐる紛糾」）。

これにより一九〇一年一月、東京防禦のうち、東京湾の防禦のみが盛られた新しい防務条例が公布された（勅令第一号）。陸海軍の協同作戦地域を限定することで、妥協を成立させたのである。ここに東京防禦＝陸軍、東京湾防禦＝海軍という地域分担が成立した。

この結果、東京防禦のために陸海軍が大規模な協同作戦を行なう構想は消滅し、その作戦の計画指揮にあたるという東京防禦総督の主要な任務が失われた。東京の衛戍勤務の統轄という任務は残ったが、そのためだけに師団の上に上級司令部を常設しておく必要はないと判断されたのであろう。四月、東京防禦総督部も廃止され（勅令第三〇号）、第一師団長が東京の衛戍司令官となった（勅令第三一号による衛戍条例改正）。

日露戦争時の帝都防衛

日露開戦

一九〇四（明治三七）年二月に日露戦争が始まると、ふたたび帝都防衛態勢の強化が求められる。ロシアは大陸軍国であるとともに、強力な海軍を有していた。総排水量でみると、ロシア海軍は五一万トン、日本海軍は二四万六〇〇〇トンであった。ただし、ロシア艦隊はヨーロッパと極東に分かれて配備されていた。開戦時に日本の近くにいたロシア太平洋艦隊は、旅順《りよじゆん》とウラジオストクに根拠地を持ち、総排水量は一九万一〇〇〇トンで、新鋭艦が配備されていた（山田朗『世界史の中の日露戦争』）。

日本海軍の対露開戦直前の作戦方針では、次のように日本本土が攻撃される可能性に言及していた。

露国艦隊ノ採ルベキ戦略ヲ予定スルハ難《かた》シト雖《いえども》、其巡洋艦隊ヲ以テ日本海沿岸ノ諸要地ヲ砲撃シ、或ハ進ンデ津軽海峡ヲ越エ東京湾、大阪湾等ヲ威嚇スルノ策ニ出ヅルナキヲ保セズ（参謀本部編『明治三十七・八年秘密日露戦史』）。

二月四日の御前会議で対露開戦が決定されると、五日には東京湾要塞にも警急配備が令せられ、六日からロシア軍艦に対して射撃をしてもよいとされた（前掲「東京湾要塞歴史」第一号）。

ロシア太平洋艦隊の主力を成す旅順艦隊は、堅固な要塞に守られた旅順港に待機していた。そこで日本海軍は、旅順港と外海との出入口に船を自沈させ、ロシア艦隊を港内に閉じ込めてしまおうと考えた。こうして三次にわたって旅順港閉塞作戦が実施された。閉塞そのものは失敗に終わったが、旅順艦隊の活動を抑えることができた。

問題はウラジオストク艦隊であった。ウラジオストク艦隊は、開戦から七月初頭までの間に五回の出撃を繰り返し、日本海で輸送船や商船などを襲っている（野村實『海戦史に学ぶ』）。

こうしたさなかの四月二五日、「東京衛戍総督部条例」（勅令第一二八号）が公布された。東京衛戍総督部には長として東京衛戍総督（陸軍大将、または中将）が置かれ、天皇に直《ちょく》隷《れい》し、東京の衛戍勤務を統轄するとされた。前出の東京防禦総督の任務が、①東京防禦のための陸海軍協同作戦の計画指揮、②東京の衛戍勤務の統轄、であったのに対し、東京衛戍総督のそれは、東京の衛戍勤務の統轄のみであった。

東京衛戍総督部設置の理由は、次のようなものであった。

東京ハ近衛及第一ノ両師団屯在シ、加之《しかのみならず》数多ノ軍人、軍属居住シ、又其ノ出入頻繁ナル大衛戍地ナルガ故ニ、此ノ地ニ於ケル衛戍勤務ノ実施ヲ厳確ナラシメンニハ、此ノ両師団長ノ上位ニ在リテ該勤務ヲ統轄調律スベキ長官ヲ置クノ必要ヲ認ム（「東京衛戍総督部条例ヲ定メ○師団司令部条例○衛戍条例中ヲ改正ス」、JACAR〈アジア歴史資料センター〉Ref. A15113489300、「公文類聚」第二八編・明治三七年・第二巻・官職二・官制二・官制二〈大蔵省・陸軍省〉〈国立公文書館〉）。

東京衛戍総督を、単純に東京防禦総督の復活とすることはできないが、二つの師団を有する帝都ならではの事情があったことがわかる。また、戦時に際して帝都防衛の重要性が高まったことも指摘できる。こうして、ふたたび師団の上に司令部が設置されることになったのである。

ウラジオストク艦隊の太平洋進出

さて、ウラジオストク艦隊の活動は、日本近海の安全を脅かしてはいたが、第五回出撃までの活動範囲は日本海に限定されていた。ところが一九〇四（明治三七）年七月一七日、第六回の出撃を敢行したウラジオストク艦隊は、二〇日に津軽海峡を突破し太平洋に出ると、そのまま東京湾口まで南下、二三日から二五日にかけて、御前崎《おまえざき》（駿河湾西端）・石廊崎《いろうざき》（伊豆半島南端）・野《の》島崎《じまざき》（房総半島南端）などの沖合で次々と船舶を臨検し（図２）、その結果に応じて撃沈や捕獲、または解放したりした（野村實『海戦史に学ぶ』）。

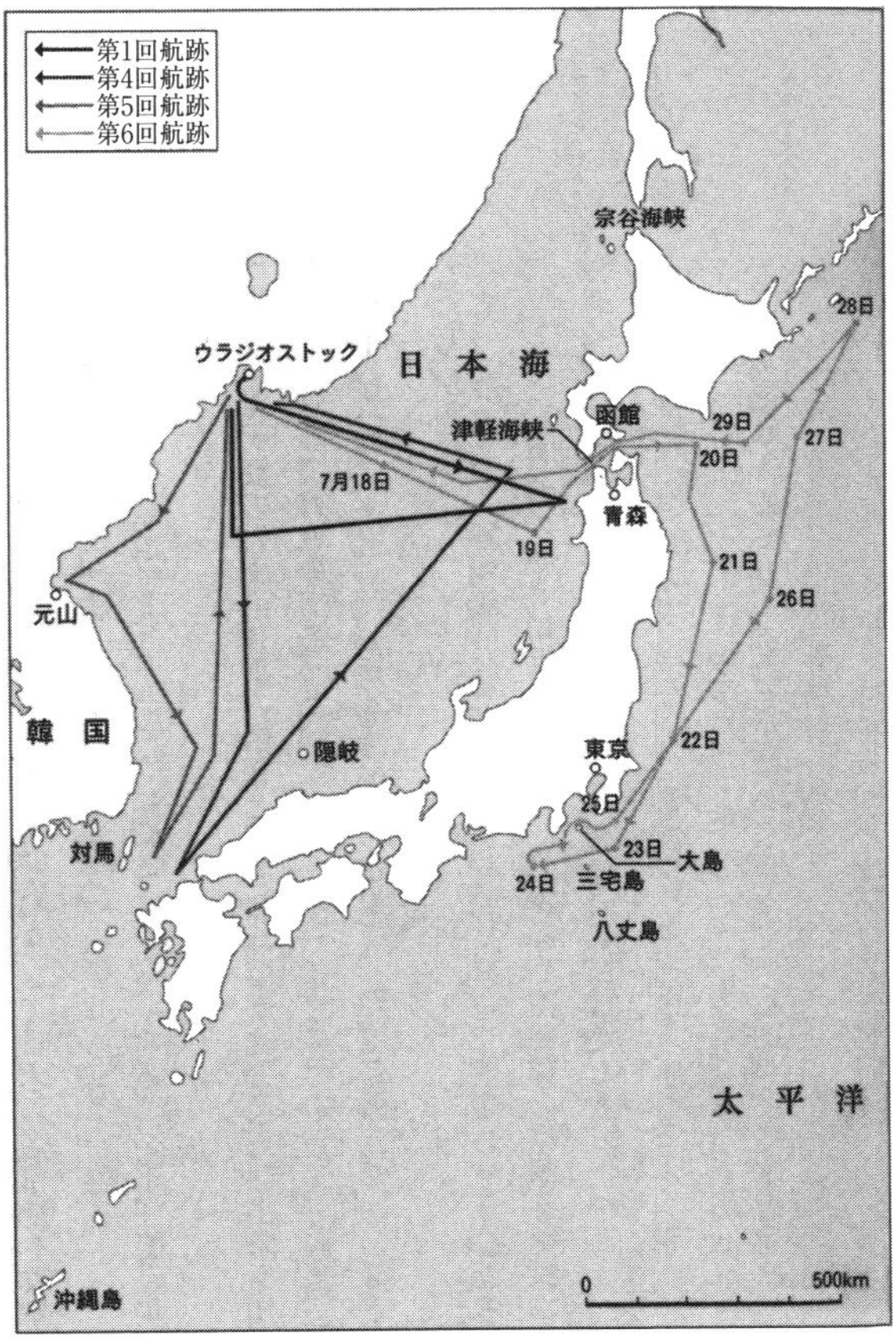

図２　日露戦争時のロシア・ウラジオストク艦隊の活動（野村實『海戦史に学ぶ』祥伝社，2014年）

東京でも緊張が走り、この間には東京湾要塞も「至厳《しげん》ナル戦備」をとり、夜間は連日ライトを点灯し、探照を行なった（前掲「東京湾要塞歴史」第一号）。しかし、東京が攻撃を受けることはなく、ウラジオストク艦隊は七月三〇日にふたたび津軽海峡を通過、八月一日、ウラジオストクに帰港した。

八月一〇日、日本艦隊は、ウラジオストクに向けて出撃した旅順艦隊を捕捉した。この黄海海戦では、ウラジオストクにたどり着けたロシア艦は一隻もなく、旅順艦隊は出撃した一八隻のうち八隻を喪失し、ふたたび旅順に戻った。

このとき、旅順艦隊を支援するため、ウラジオストク艦隊も出撃していた。一四日、日本艦隊はウラジオストク艦隊を捕捉し、撃沈または大損害を与えた（山田朗『世界史の中の日露戦争』）。こうして、ウラジオストク艦隊の脅威は取り除かれた。

一二月には日本陸軍の旅順攻撃の成功で、陸上からの砲撃により旅順港内に残っていた旅順艦隊が破壊された。一九〇五年五月二七日、遠路ヨーロッパから派遣されてきたバルチック艦隊と、それを迎え撃つ日本の連合艦隊が対馬《つしま》沖で戦い、連合艦隊はバルチック艦隊を壊滅させた（日本海海戦）。この日、敵艦隊接近との情報に接した東京湾要塞では、海に面した砲台を戦闘配備に移らせ、三一日には海戦の結果を受けて警戒配備の姿勢にもどしている（前掲「東京湾要塞歴史」第一号）。

こうして日露戦争において、東京がロシア軍による攻撃を受けることはなかった。東京衛戍総督が重要な役割を果たしたのは、ロシア軍に対してではなく、講和条約の内容に不満を持ち、調印に反対する日本人の暴動（日比谷焼打ち事件）に対してであった。

日比谷焼打ち事件と戒厳令の一部適用

講和条約の調印日であった九月五日、調印に反対する人びとは、日比谷公園の国民大会に集まった。大きな負担と犠牲に耐えて戦ったのに、ロシアから賠償金が取れず、領土の割譲についても樺太《からふと》（サハリン）の南半分にとどまったことに対する不満であった。警視庁は、国民大会の開催を禁止し、日比谷公園を閉鎖した。しかし、群衆は柵を壊して園内に立ち入り、大会を開催した。大会終了後、数千から数万の群衆が、デモ行進、講和に賛成する新聞社の襲撃、警察行政を担当する内務大臣（内相）官邸の襲撃などに向かった。群衆は、各地で警官隊と衝突、警察署・派出所などに放火した（藤野裕子『都市と暴動の民衆史』）。

東京衛戍総督の佐久間佐馬太《さくまさまた》は、〝国民大会について不穏の形勢あり〟との情報に接したため、あらかじめ留守近衛師団と留守第一師団（出征している両師団の留守隊）に出動準備をさせていた。午後五時以降、警察官と少数の憲兵では、群衆を制止することができなくなった。群衆は暴徒化した。そして東京府知事より出兵請求があったため、東京衛戍総督は主要な役所や各国公使館に兵力を派遣し、保護させた。兵士には兵器の使用を厳しく制限し、つとめて威力によって群衆を解散させるように訓令した。翌六日も暴動は収まらなかったため、部隊に市内を巡察させている（「騒擾事件に関する上奏の件」、JACAR：C03026848900、明治三八年「満大日記一二月上」〈防衛省防衛研究所〉）。

さらに取締りを強化したい政府は、「戒厳《かいげん》」の実施を考えた。大日本帝国憲法第一四条で、〝天皇は戒厳を宣告する〟〝戒厳の要件および効力は法律をもって定める〟とされており、戒厳令（一八八二〈明治一五〉年太政官布告第三六号）がそのための法律とみなされていた。「戒厳」とは〝戦時または事変に際し、兵備をもって全国または一地方を警戒すること〟とされていた。しかし、帝都における大規模な暴動とはいえ、状況を戦時または事変とするには無理があった。

そこで戒厳令をそのまま適用するのではなく、勅令二〇五号（緊急勅令、九月六日）により〝東京府内の一定の地域に戒厳令の一部規定を適用する〟という方法がとられた（行政戒厳）。「緊急勅令」とは〝緊急の必要により、帝国議会が閉会の場合に、法律の代わりに発せられる勅令〟をいう。そして、その勅令二〇五号に基づいて、勅令二〇七号により、東京市とその周辺の荏原《えばら》郡・豊多摩《とよたま》郡・北豊島郡・南足立郡・南葛飾《かつしか》郡（ほぼ現在の東京二三区）に戒厳令第九条と第一四条の規定を適用し、戒厳に関する司令官の職務は、東京

図３　日比谷焼打ち事件時，日比谷公園の兵士たち（『戦時画報66 東京騒擾画報』1905年）

衛戍総督が行なうこととした（北博昭『戒厳』）。

戒厳令の第九条は〝適用地域の地方行政事務および司法事務のうち、軍事に関係することに限ってその地の司令官に管掌の権を委する〟というもので、第一四条には、集会・出版などの制限、所有する武器などの検査・押収、郵便・電報の開緘《かいかん》（開封）、出入りの船舶や物品の検査、陸海交通の停止、家屋・建造物・船舶などへの立ち入り検査など、国民の権利を制限できる司令官の諸権限が列挙されていた。さらに勅令二〇八号により〝乗馬兵科（騎兵など）の者に憲兵の勤務を補助させること〟とし、憲兵の兵力を増強できるようにした。

東京衛戍総督の佐久間は、戒厳地域を二分し、それぞれ留守近衛師団と留守第一師団に担任させ、各要地に兵士を駐屯させ（図3）、警視総監に種々の取締り業務を、郵便局長に郵便と電信の内容のチェックを、東京控訴院検事長に検察事務に相当の措置をとることを、それぞれ命じた（前掲「騒擾事件に関する上奏の件」）。

暴動への対処については、集団の解散には憲兵に補助憲兵を付けてあたらせ、検問は警視庁に行なわせるという役割分担がなされた。これはその後の暴動鎮圧にも踏襲される（田崎治久編著『日本之憲兵』）。

九月八日から九月中旬にかけては、なお不穏な流言蜚語《りゅうげんひご》が多少広がることがあったもののほぼ暴動は起こらず、九月下旬以降、民心は鎮静化、一一月二九日に戒厳は廃止された。このように戒厳令の適用後、暴動は収まり、軍隊は、「一弾ヲ発セズ一剣ニ血塗ラズ」任務を終えることができたが（前掲「騒擾事件に関する上奏の件」）、日比谷焼打ち事件では、群衆側の死傷者は五〇〇人を超え（うち死者一七人）、鎮圧側も警察を中心として負傷者約五〇〇人を出している（高橋雄豺『明治警察史研究』第二巻）。

日露戦後の帝都防衛

都市暴動への治安出動

日露戦後の東京を脅かすもの

日露戦争の勝利によって、日本の東アジアにおける軍事的優位、特に海軍力の優位が確立すると、東京が外国からの攻撃を受ける可能性は低下した。一九〇三（明治三六）年には、アメリカのライト兄弟により飛行機が発明されていたが、飛行機が兵器として現実の脅威となるのはまだ先である。よって日露戦後に東京の治安を脅かすことになるのは、国内問題であった。前後の時期にまで目配りしつつ、概観してみよう。

日比谷焼打ち事件のような都市暴動は、その後もつづいた。一九〇六年の電車賃値上げ反対運動にともなう暴動、一九一三（大正二）年の第一次護憲運動にともなう暴動、一九一四年のシーメンス事件にともなう暴動、一九一八年の米騒動などである（後述）。

火災については、一八九九年に木管に代わって鉄管を用い、浄水施設も備えた近代的な水道がほぼ完成し、消火栓も整備された（前掲『東京百年史』第三巻）。蒸気ポンプも国産化が実現し、いっそう普及した。消防力の向上により、火災は発生しても、大火となることは少なくなった（前掲『東京の消防百年の歩み』）。

地震については、一八九一年に内陸直下型の巨大地震濃尾《のうび》地震（マグニチュード八・〇）が発生し、岐阜や愛知を中心に七〇〇〇人を超える死者を出し、日本全国に衝撃を与えていた。それを受け、翌年には文部大臣の下に、震災予防に関する事項を研究し、その実施方法を審議する震災予防調査会が発足した。こうして地震に関する本格的な調査・研究が始まったのである。

一八九四年には、東京を地震が襲っている（明治東京地震、マグニチュード七・〇）。発生日時は六月二〇日午後二時過ぎ、震源は東京の直下であった。震源が深かったために、地震の規模の割に被害は小さかったが、東京府で死者二四人、神奈川県で死者七人が出ている。東京府の家屋の被害は全潰二二、半潰六八、破壊約五〇〇〇であった。また煉瓦《れんが》造りの煙突が被害を受けたことが特徴的であった。一方で、地震にともなう火災は比較的少なかった（宇佐美龍夫・石井寿・今村隆正・武村雅之・松浦律子『日本被害地震総覧　五九九―二〇一二』、北原糸子・松浦律子・木村玲欧編『日本歴史災害事典』、前掲『東京の消防百年の歩み』)。

同じ年の一〇月には山形県で庄内《しょうない》地震(死者七二六人)、一八九六年には明治三陸《さんりく》地震津波(二〇一一年の東日本大震災を上回る死者約二万二〇〇〇人)、同じく秋田県で陸羽《りくう》地震(死者二〇九人)が発生した(国立天文台編『理科年表 二〇一七』)。震災予防調査会は、これらの地震や過去の地震の調査・研究を進めた(泊次郎『日本の地震予知研究一三〇年史』)。研究成果に基づき、学者から将来の大地震への警戒と対策が呼びかけられるようにもなった。問題は、社会がそれをどのように受け止め、対応するかであった。

水害については、荒川《あらかわ》(その下流の隅田川《すみだがわ》)などの洪水による被害はつづいていた。近代化にともない、沿川地域の都市化・工業化が進んだことにより、洪水のもたらす被害は増大し、深刻化していた(荒川下流誌編纂委員会編『荒川下流誌/本編』)。被害を生じさせる大地震は、そう頻繁に起きるものではないが、水害の危険性は毎年のものであった。差しあたり、東京でもっとも警戒を要する自然災害は、水害であった。

電車賃値上げ反対の暴動

日比谷焼打ち事件以後、警視庁は、その教訓から不必要に民衆を刺激することを避け、群集を誘導して、全面対決を避ける戦術をとるようになった。また具体的な取締り方法についても、密集方式の採用、私服警察官の使用などの工夫がなされた(大日方純夫『警察の社会史』)。その効果もあり、東京ではその後も暴動が相次いだが、大規模な軍隊の出動には至らなかった。

一九〇六（明治三九）年には、東京市内の電車会社の運賃値上げをめぐって暴動が発生した。この年の三月、電車会社三社が内務省に値上げを申請した。一五日、それに反対する市民大会が日比谷公園で開かれた。大会後のデモ行進が暴動に発展し、群衆が会社や市役所を襲撃、投石などを行ない、警察に解散させられた（藤野裕子『都市と暴動の民衆史』、前掲『警視庁史』明治編）。第一次西園寺公望《さいおんじきんもち》内閣の内務大臣原敬《たかし》は、その日の日記に「警察の手配宜しきを得て無事」だったと記している（原奎一郎編『原敬日記』二）。

値上げはいったん見送られたが、その後、三社は合併を決め、ふたたび値上げを申請、内務省の認可が下りる。すると九月五日、同じ日比谷公園で市民大会が開かれた。ちょうど一年前、日比谷焼打ち事件が起こった日でもあった。またしても大会後のデモ行進が暴動に発展し、群衆は電車や車庫を破壊、乗務員に暴行を加えた。一〇日、内務大臣原は、陸軍大臣（陸相）寺内正毅《てらうちまさたけ》を訪ね〝兵隊を市中に出して「間接に鎮圧」にあたらせ、車庫や変圧所などを保護し、警察官を本来の職務に従事させたい〟と述べた。寺内は〝それには騎兵を補助憲兵とする「便法」がある〟といい、それならば「尤も妙なり」と原も同意した（前掲『原敬日記』二）。

これは、前述のように、日比谷焼打ち事件の鎮圧から用いられたものである。兵士を軍隊内の警察組織である憲兵の一員にして出動させる方法であり、戒厳令《かいげんれい》を適用したり、軍隊そのものを出動させたりするよりも、簡易迅速に兵力による治安維持力の強化を実現できる。たしかに取締る側にとっては、便利で、妙である。

九月一一日には三電車会社が合併し、新設される東京鉄道会社の総会が開かれることになっており、一二日には運賃値上げを実施することになっていた。原は兵力で威圧し、反対運動を押さえ込むつもりだった。

こうして東京衛戍総督代理（東京衛戍総督川村景明《かげあき》が出張中のため、近衛《このえ》師団長大島久直《ひさなお》が代理、『朝日新聞』〈一九四〇年までは『東京朝日新聞』〉一九〇六年九月一一日朝刊）は、近衛騎兵連隊と騎兵第一連隊の人員を、憲兵の補助をさせるために、憲兵司令官の指揮下に属させることにした。一一日、警視庁と協議のうえ、正科憲兵・補助憲兵が鉄道会社の本社・変圧所・車庫などに配置された。一一日から一七日までの間に配置された憲兵は、もっとも多い日で二〇八人（うち正科一六人、補助一九二人）であった（田崎治久編著『日本之憲兵』）。

原の目論見はあたり、反対運動は勢いを削がれた。一五日夕を最後に補助憲兵は撤収、警察官の警戒も緩和された。原は補助憲兵を使用した理由を、「始めより大仰《おおぎょう》に警戒して事なきを期したるもの」だと記している（前掲『原敬日記』二）。

第一次護憲運動・シーメンス事件

一九一三（大正二）年二月に起きた第三次桂太郎《かつらたろう》内閣への反対運動（第一次護憲運動）の暴動、一九一四年二月の軍艦購入をめぐる汚職事件（シーメンス事件）発覚による第一次山本権兵衛《ごんべえ》内閣弾劾の暴動、一九一八年の米価暴騰に対する暴動（米騒動）では、憲兵だけでなく軍隊そのものも出動している。しかし、いずれも日比谷焼打ち事件とは異なり、戒厳令が適用されることなく鎮圧されている。

一九一三年二月一〇日から一一日にかけての第一次護憲運動に関わる暴動では、警視庁は、帝国議会議事堂（現在の霞ヶ関一丁目）をめざして群衆が集まってきたため、警官隊六五〇人を周辺に配備、その後、門内に入ろうとする群衆と衝突した。警官隊は群衆をその場から退散させることはできたものの、移動した群衆は政府系とみられた新聞社を襲撃し始めた。警視庁は、全庁員の非常召集を行なって鎮圧にあたったが、暴動は拡大し、新聞社・電車・警察署が襲われた（前掲『警視庁史』大正編）。憲兵も、警察とともに鎮圧にあたっていたが（田崎治久編著『続・日本之憲兵』）、ついに軍隊の出動を要するに至ったのである。東京衛戍総督部副官によれば、警視総監と東京府知事の請求により出動させた兵士は四〇〇人余で、午後七時から七時半の間に出動し、新聞社・総理大臣官邸・警察署などに配備され、群衆と衝突することなく任務を終えている（『朝日新聞』一九一三年二月一二日朝刊）。

一九一四年二月一〇日のシーメンス事件に関わる暴動では、第一次護憲運動の際の反省に基づき、警視庁は当初から二五〇〇人の警察官を召集し、議事堂周辺だけでなく、市内各所に配置して警戒態勢を布いた。議事堂を取り巻く群衆が門内に入ろうとして、警察との衝突が始まったのは、午後三時一五分ごろであった。警視総監は午後四時一五分に軍隊の出動を要請、午後五時に七〇〇人の出兵によって鎮定し、群衆を解散させた（前掲『警視庁史』大正編）。憲兵も議事堂・新聞社に派遣され、海軍省・外務省ほか五ヵ所に一五九人が配置された（田崎治久編著『続・日本之憲兵』）。議事堂を追われた群衆は、電車・政府系新聞社・与党政友会の本部・警察署などを襲ったが、昨年とは異なり、すでに配備されていた警察官が対応した。警視庁を襲撃してきた群衆に対しては、消火栓の放水で退散させている。

当時の警察官は、武器として刀剣を所持していた。しかし日比谷焼打ち事件で、警察官の抜刀により多数の死傷者を出したことで批判が高まり、第一次護憲運動の際には、警察官は武器の使用を極力避けた。ところが、今度は逆に警察官の負傷が増えたため、シーメンス事件の際には抜刀はしないものの、さやに入れたまま使用し、積極的な行動に出た（抜刀もしていたのではないかとの批判も出たが、警視庁は否定。前掲『警視庁史』大正編）。

このように、警察は一年前の失敗をいかし、事前に大人数の警察官により各所の警備を固めたうえで、軍隊の出動要請も早めに行ない、鎮圧手段も改めたようにみえる。

内務大臣原敬の怒り

しかし、当時の内務大臣原敬によれば、もっと上手くやれたはずだった。前述のように、原は電車賃値上げ反対のときにも内相を務めていた。原は暴動が発生する前日の二月九日に、警察幹部と翌一〇日に補助憲兵を出す相談をしていた。

一〇日になると、原は状況が厳しいとみて、さらに強力な対策をとることにした。原は陸軍大臣楠瀬幸彦《くすのせさちひこ》と協議し、騒動を未然に防ぎ大事にしないために、すみやかに各所に軍隊を出動させることが得策だとした。原は、機先を制することで暴動の抑止は可能と考えていたのである。これを受け、陸軍大臣・東京衛戍総督部参謀・警視総監・警保局長が会合し、警察側から、あらかじめ兵隊を近くの海軍省なり陸軍省なりの構内に置いておき、一報あり次第すみやかに出動させることを相談させた。だが、陸軍側はこれを拒否した。〝それでは、警察と陸軍が申し合わせて人民を圧迫するとの批判が生じるかもしれない。かつ、陸軍省構内から来るのと麻布《あざぶ》の兵営から来るのと、その差はわずかに一〇分から二〇分である。麻布から三、四〇分で来られる〟という理由からであった。

この日、衆議院に提出されていた、シーメンス事件に関して内閣の責任を問う弾劾《だんがい》案は、原の率いる与党政友会の多数によって否決された。午後三時に議事は終了したが、議事堂は事件に怒る群衆に取り囲まれて、与党議員や大臣は外に出られない。そこで打合せどおり出兵の要請がなされた。けれどもすぐ来るはずの兵隊が、五時になっても到着しない。原は陸軍大臣に詰め寄り、総理大臣の山本権兵衛と三人で協議した。

しかし、陸軍大臣は〝どうしようもない、何の間違いか調べてみないとわからない〟などという。原はとうとう怒り、首相と陸相に向かって〝自分は天皇陛下と国民に対して治安を保持する責任があるので全力を尽くした、このうえは陸軍の力を待つ以外にないというのに、陸軍がこういう次第ではどうすることもできない、ゆえに今後起こる事件についての責任は私にないと了承せよ〟と告げて席を立ってしまった。

原は、ただちに警視総監に命じて警察官に血路を開かせ、政友会の議員や自身を含む大臣を脱出させた。その日の夜、陸軍兵が三、四〇人あまり、原の自宅の警護に来たが、無用だとして原は断った（前掲『原敬日記』三）。

だが、『警視庁史』の記述や当時の新聞記事をみるかぎり、出兵はそれほど遅れたわけではなさそうだ。一一日付の『東京日日新聞』は、〝歩兵第三連隊から出動した「約一個大隊（六百三十二名）」が午後五時一〇分に議会と海軍省の警戒のため配置された〟と報じているし、その他の報道も五時ごろに軍隊が到着したとしている。

原がここまで急いだのは、短い冬の日がまもなく暮れようとしており、政友会議員たちを安全に脱出・帰宅させることができないと考えていたからだろう。内相でもあり、政友会の最高幹部でもある原にとって、ここは譲れないところだったのだ。

米騒動

一九一八（大正七）年夏、日本全国を揺るがした米騒動では、東京でも暴動が発生した。八月一三日から一五日の主に夕方以降に、日比谷公園・浅草公園・上野公園に人が集まり、そこから街頭に暴動が広がった。米屋が標的とされただけでなく、大通りに面した建物は投石を受け、ガラスを割られ、電車や自動車が襲われた。吉原遊廓《よしわらゆうかく》も襲撃された（藤野裕子『都市と暴動の民衆史』）。それでも東京市は横浜市とともに警備が成功した都市とされ、大都市としては際だって被害が少なかったとされている（井上清・渡部徹編『米騒動の研究』第五巻）。

東京に米騒動が波及したのは他地域よりも遅く、警視庁は各地の情報を集め、事前に準備をする時間があった。また米騒動の直前、警視庁警察官の大増員が行なわれており、東京の警察力は格段に強化されていた。増員は寺内正毅内閣の内相後藤新平の下で決定されたもので、一九一八年三月と七月の二次にわたって実施された。警視庁警察官は、五八三三人（一九一七年）から八八五一人（一九一八年）へと、約三〇〇〇人も増加していたのである。

八月一三日午後六時から日比谷公園で米価問題に関する市民大会が開かれる予定だったが、警視庁はこれを禁止するとともに、全警察官の非常召集を行なった。そして要所に警察官を配置、さらに予備隊を編成して、いつでも応援派遣ができるように準備を整えた。集会は、警視庁の禁止を無視して開催され、群衆と警察官は衝突、暴動が始まった（前掲『警視庁史』大正編、鶴見祐輔編著『後藤新平』第三巻）。

東京での出兵は、八月一四日から一七日まで実施されている。東京衛戍総督が陸軍大臣に提出した報告書などによれば、一四日午前、東京衛戍総督は東京憲兵隊より〝本夜は市中警戒を要する〟との報告に接し、午後二時に近衛師団と第一師団の参謀または副官を招致し、出兵準備命令を下した。午後五時、内務省警保局長が来て、内閣総理大臣の意を受け、出兵について交渉した。午後五時一〇分には、警視庁警務部長が来た。出兵の必要の有無を問うたが、警視庁としては、市内一般の形勢上、いまだ出兵請求の必要を認めない旨の回答があった。午後六時五〇分、憲兵隊副官より電話で〝日比谷公園に人が集まって来ている〟との報告を受け、出兵準備に入った。午後七時過ぎから街頭での暴動となり、午後八時三五分、警視総監より出兵の請求があり、四〇分に東京衛戍総督は出兵を決めた。

出兵は軍隊、または補助憲兵として行なわれた。出動兵力は、一四日に軍隊七一〇人、補助憲兵一八八人、巡察三四人のほか、近衛師団より直接派遣した華頂宮《かちょうのみや》邸三一人、霞ヶ関離宮四六人、一五日に軍隊一二八二人、補助憲兵一九三人であった。一六日午前〇時四五分には状況が落ち着いてきたので、東京衛戍総督は部隊に帰隊を命じた。

一六日午前一〇時には、憲兵隊から〝本日は異常が認められないので、本夜は補助憲兵の出動だけで大丈夫だろう〟と電話報告があった。午前一一時には内務大臣が来て、東京市内の秩序維持に関して懇談した。ところが午後一時四〇分、警視総監からふたたび出兵の請求があり、午後二時に近衛師団と第一師団の両師団に出兵の準備を命じ、午後三時五〇分に出兵を命じた。その数は軍隊七二九人、補助憲兵一七五人であった。一七日には事態が鎮静化してきたので、軍隊は出動準備を整えて待機させ、補助憲兵一〇二人のみを派遣した。未然にことを防ごうとして軍隊を出動させておくことが、かえってそこに人びとを集めてしまう逆の効果も生じることがわかったからである。そして午後一一時、軍隊待機のまま、市内の暴動を収めることができた。

出動した軍隊は、時として群衆の一部から罵声を受けた。また、群衆が投石する中を行進したためにしばしば投石が命中した。しかし軍隊と群衆が衝突することはなく、人馬ともに何らの被害もなかった（以上は、「米価騰貴に基く各地騒擾の件」JACAR：C03011253500、「大日記乙輯」大正八年〈防衛省防衛研究所〉に所収の東京衛戍総督部「軍隊出動ニ関スル件報告」、陸軍省軍事課「各地騒擾鎮撫ノ為軍隊出動ニ関スル件」、近衛師団長邦彦王「軍隊出動ニ関スル調査ノ件報告」、東京衛戍総督部「自大正七年八月十四日至仝年八月十七日東京市内騒擾ノ際軍隊差遣ニ関スル詳報」)。

災害出動

東京を襲う水害

前述のように二〇世紀に入って、東京の水害はむしろ大きくなっていた。一九〇七（明治四〇）年八月中旬から下旬にかけて、関東は台風などの影響で大雨となり、利根川《とねがわ》・荒川・多摩川などが氾濫《はんらん》した。東京府内では、浅草・下谷《したや》・本所《ほんじょ》・深川《ふかがわ》各区など（現在の台東・墨田・江東各区）を中心に、浸水家屋約五万八〇〇〇戸、被災者約八万人の大水害となった。死者一人、負傷者一四人も出ている。

一九一〇年八月にも台風などの影響で、関東や宮城県を中心に、全国で一三五九人の死者・行方不明者、浸水家屋約五二万戸を出した。このときは利根川・荒川（その下流の隅田川を含む）などが氾濫し、東京府内でも死者・不明者五二人、浅草・下谷・本所・深川・小石川《こいしかわ》各区（前掲の各区に加え、現在の文京区西部）を中心に浸水家屋約一九万五〇〇〇戸、被災者約八一万人の被害が出ている（前掲『東京の消防百年の歩み』）。

　現在、隅田川は荒川本流から分岐して流れている川であるが、このころは隅田川が荒川本流であった。いいかえると、荒川の下流部を「隅田川」と呼んでいたのである。国は、度重なる水害から東京東部の低地を守るために、新たに荒川の水を東京湾へとすみやかに流せる、幅が広く蛇行の少ない水路を建設することとした。現在、荒川の本流となっている「荒川放水路」の開削事業である。一九一〇年の大水害をきっかけに計画は実行に移され、翌一一年に事業がスタートした。全長二二《キロ》、幅四五〇《メートル》を超える川を新たにつくろうという巨大プロジェクトである。一九二三（大正一二）年九月一八日に放水路の一部通水、一九二四年に放水路全川にわたって通水が実現、そして一九三〇（昭和五）年に全工事が完成した（前掲『荒川下流誌／本編』）。これにより東京の水害の危険性は劇的に下がった。しかし、通水までに一三年、完成までに二〇年近くを待たねばならなかったのである。

　また、水害を引き起こすのは、河川の氾濫だけではない。一九一七年九月三〇日の夜から一〇月一日朝にかけて、大型の台風が関東地方を襲った。高潮が発生し、東京湾北岸で深刻な被害が出た。死者・行方不明者は東京府で五六三人、神奈川県で六〇人、千葉県で三三六人（全国で一三二四人）に上った（気象庁編『気象百年史』）。海水が侵入した区域は、東京付近だけで「十四方里余」（約二一六平方キロ）、海岸から「二里」（約八キロ）離れた地でも、床上浸水を被ったところがあった。もっとも被害が大きかったのは、江戸川の西岸の砂村《すな》・葛西村《かさい》（現在の江東区東南部と江戸川区南部）で、それぞれ二〇〇人前後の死者が出たとみられている（中村左衛門太郎「東京湾内津浪調査」）。

軍隊の災害出動制度の形成と確立

軍隊がその強力な装備や組織力を直接・間接に使って、大規模な暴動の鎮圧に出動していたことはすでにみた。軍隊の第一の役割は外敵への対処であるが、警察では治安維持が困難な場合にそれにあたるのも、軍隊の重要な役割である。

こうした軍隊がもともと有していた役割（いわゆる「暴力装置」）に加え、日露戦後の軍隊は国民から新たな役割を期待されるようになった。それは大規模災害時における活動、それも治安維持より救護を主体とした活動であった。以下は、吉田律人の研究『軍隊の対内的機能と関東大震災』に依拠しつつ論述する。

一八九一（明治二四）年に起きた濃尾地震の際における第三師団（名古屋、師団長は桂太郎）の出動など、以前から大規模災害時に軍隊が活動した例はあった。しかし、災害出動に関する明確な規定はなく、現地指揮官の判断で行なわれていた。

前述した一九〇七年八月の水害では、八月二八日に東京府知事は陸軍大臣に対し、〝二

図4　1910年の関東大水害時における軍隊の活動（『風俗画報』412，1910年）

五日に多摩川の堤防が決壊し浸水区域が少なくないのみならず、東海道線も杜絶する状況にあり、一刻の猶予もない〟という理由で、近衛工兵隊の派遣を請うている。工兵は、戦場での陣地構築や橋・道路の建設などを担う、土木技術を有する兵種である。九月三日には、同じく府知事から、〝近衛工兵隊がすみやかに派遣されて、その精励尽力により応急工事は完成、一同安堵した〟との報告が届いている（「急水留工事報告の件」JACAR：C04014277200、明治四〇年九月「壱大日記」〈防衛省防衛研究所〉）。

この水害に対しては、第一師団からも工兵隊が出動しているが、新聞は、災害時における軍隊のもっと大規模かつ積極的な活動を求めた。日露戦争では、国民は生命や身体を犠牲にして、あるいは重税に耐え、勝利に貢献した。そこで、日露戦後国民は国家や軍隊に対して、国民のための活動を求めるようになったのである。一九〇九年に大阪市北区で大火（「キタの大火」）が発生した際には、大阪に司令部を持つ第四師団が、消火や救助に積極的な活動を展開し、称賛されている。
その翌年、陸軍は法令を改正し、災害出動の制度を整える。一九一〇年三月、陸軍部隊の駐屯地域における任務を定めた衛戍条例に、災害時の出動が明記された（勅令第二六号）。そして、前述した同年八月の関東大水害の際には、東京ほかの各被災地で活動している（図4）。東京では、八月一一日夜半に、東京衛戍総督が東京府知事からの請求を受け、軍隊を出動させた。軍隊は、堤防の工事、被災者の救助・救護、炊き出し、飲料水・食糧・毛布などの供給、治安維持などの活動を行なった。こうして東京では、近衛師団と第一師団のそれぞれから、一日平均で約一一七〇人ずつの将兵が出動し、救援活動は八月二四日までつづけられた。軍隊の活動は、被災者や世論の支持を得たが、一方では軍隊と警察・行政との連携不足もみられた。

災害出動制度の展開

翌一九一一（明治四四）年四月に吉原の遊廓街を焼いた大火（焼失六五五五戸、死者一〇人）でも軍隊が出動し、警察・消防とともに、消防・警備・救護にあたった。一九一三（大正二）年二月の神田の大火（焼失二〇〇〇戸以上）にも、軍隊は出動した。

前述の一九一七年九月三〇日の夜から一〇月一日朝にかけての東京湾台風でも、軍隊が積極的な救援活動を行なった。警視総監や府知事だけではなく、各区長の要請によっても出動している。

さて、ここまでは説明をわかりやすくするため、軍隊の暴動対応と災害対応の出動を分けて論じてきたが、時系列でみれば次のようである。

一九〇五年の日比谷焼打ち事件
一九〇六年の電車賃値上げ反対の暴動
一九〇七年の水害
一九一〇年の関東大水害
一九一一年の吉原大火
一九一三年の第一次護憲運動時の暴動、神田の大火
一九一四年のシーメンス事件時の暴動
一九一七年の東京湾台風
一九一八年の米騒動

軍の両者への出動は、同時並行的に行なわれてきたことがわかる。東京での出動規模をみると、一度に出動した兵力は、最大でも治安出動で一五〇〇〇人程度（米騒動時）、災害出動で二三〇〇〇人程度（関東大水害時）であった。

関東大震災前の帝都防衛態勢

東京衛戍総督部の廃止

東京では、米騒動でさえも大規模な兵力を用いずに乗り切ることができた。その他の災害時でも同様である。軍隊はあくまでも警察・消防の応援として活動しており、戒厳令の一部が適用された日比谷焼打ち事件以外は、軍隊が活動の主体となることはなかった。

外敵からの攻撃については、一九一四（大正三）年八月に第一次世界大戦が始まると、日英同盟に基づき、日本もドイツと戦った。日本軍は、主にドイツの極東根拠地である中国の青島《チンタオ》とドイツ領の南洋群島で戦闘を展開した。だが、ドイツがアジア太平洋地域に置いていた兵力は大きくなく、一一月には占領を終えてしまっていた。

このころ、東京湾要塞の建設工事が、ようやくその完成に近づいていた。敵艦船の東京

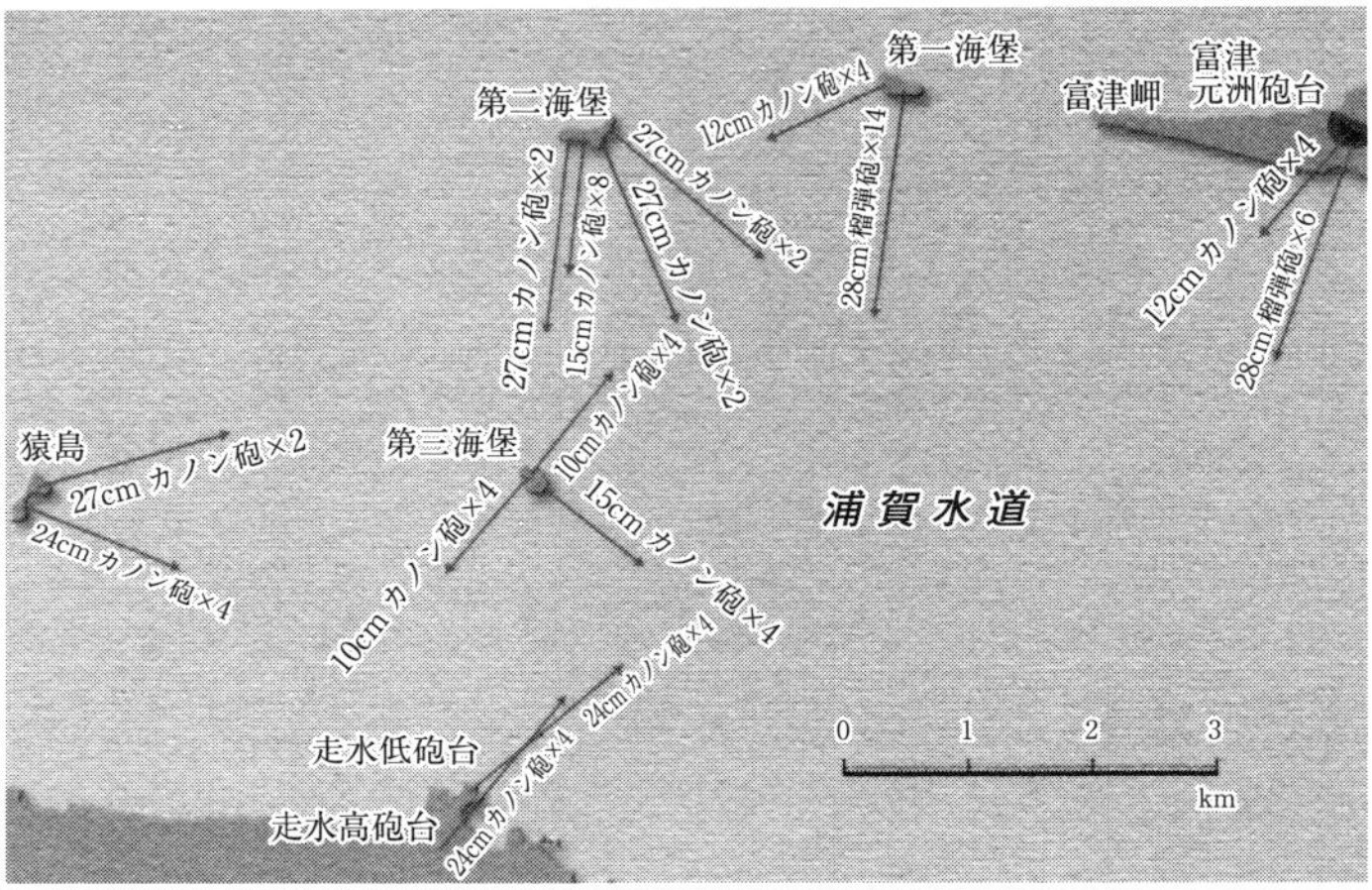

図５　東京湾口の第一〜第三海堡（『日本の要塞』学研，2003年）

湾侵入を阻止するために、海岸の砲台だけでなく、東京湾口の沖合に人工の砲台島である海堡《かいほう》の建設が進められたことは前述した。水深の浅い場所につくられた第一海堡は、一八九〇（明治二三）年に完成していたが、それにつづく第二海堡・第三海堡の建設場所は水深も深く、潮流も速かったため、工事は困難を極めた。そうして、第二海堡は着工から二〇年以上が経った一九一四年六月に、第三海堡は着工から三〇年近く経った一九二一年三月に完成した（原剛「東京湾第三海堡の建設経緯について」、浄法寺朝美『日本築城史』）。

こうして、東京湾沿岸の諸砲台と三つの海堡を持つ東京湾要塞によって、東京湾口に厳重な防備が築かれようとしていた（図５）。一九一八年一一月にはドイツが降伏、第一次世界大戦が終わった。このように、帝都防衛のために大兵力が出動する可能性は、ほぼなくなったように思われた。そうした状況下、近衛師団・第一師団の上に、わざわざ東京衛戍総督部を設置していることに対する疑問の声が出てくる。

一九一九年二月四日の第四一回帝国議会衆議院予算委員第四分科会（陸軍省・海軍省関係）において、立憲国民党議員の高木益太郎《たかぎますたろう》は、東京衛戍総督の廃止について述べている。〝東京には近衛師団・第一師団・憲兵隊、それから三〇〇〇人も巡査を増やした警視庁がある。その他に衛戍総督というものは、まったく不必要であろうと思う。米騒動時には、衛戍総督の出兵措置が遅れたために騒ぎが大きくなったが、在郷軍人会《ざいごうぐんじんかい》や青年団が警察官に協力して、非常に損害を少なくした観がある〟と（『帝国議会衆議院委員会議録』一九）。

すでにみたように、米騒動時の出兵措置が遅れたというなら、それは出兵請求を行なう警視庁側の判断が問われるべきであり、鎮圧に際しても、軍隊を前面に出さない工夫をしていたので、高木の批判は必ずしもあたっていない。しかし〝米騒動でも大した役割はなかったではないか〟という意見は、説得力を持っている。そもそも東京衛戍総督は閑職《かんしょく》であるという認識が存在しており、それ以前にも廃止が話題に上ることはあった。

なお、在郷軍人会は現役ではない軍人の団体、青年団は義務教育を終了した以上の青年たちの団体である。両団体の災害時における組織的な活動については、一九一七年の東京湾台風のときから警備や救援に従事していることが、新聞報道にみられるようになるという（鈴木淳『関東大震災』）。

米騒動時には、暴動に参加した在郷軍人や青年団員も少なくなかったが、一方で組織的に動員され、警戒や米の安売りなど、騒動を鎮静化させることにも協力している（現代史の会共同研究班「総合研究・在郷軍人会史論」）。米騒動後、警察は在郷軍人会や青年団などの地域団体との連携を強化し、同様のことが起きた際に彼らを活用できるように組織化を進めた（大日方純夫『近代日本の警察と地域社会』、宮地忠彦『震災と治安秩序構想』）。

一九二〇年八月、東京衛戍総督部は廃止された（勅令二三二号）。東京衛戍総督部の廃止にともない、近衛師団長と第一師団長のうちで、先に師団長となった者が東京衛戍司令官を務めることになった（勅令第二三三号による衛戍条例改正）。

飛行機の発達と空襲

ただし、このころ、東京の治安を脅かす新たな脅威の芽が、第一次世界大戦下のヨーロッパで生じつつあった。航空機の発達による空襲の始まりである。艦船と異なり、空中を飛行する航空機に対しては、東京湾口を砲台で固めるという従来型の防備は通用しない。

海軍中佐の水野広徳《ひろのり》（のちに大佐で現役を退いてからは軍縮、平和運動に尽力したことで知られる）は、第一次世界大戦中のヨーロッパに私費留学した。帰国後一九一七（大正六）

年一一月から一二月にかけて、水野は『東京朝日新聞』に、その体験を寄稿している。ロンドン滞在時におけるドイツ軍の空襲について書かれた記事では、〝もしもこれが日本なら西洋と異なり家屋が木造であるために、爆弾で家屋は簡単に吹き飛び、避難所となる地下室や地下鉄もない（日本で地下鉄が開業するのは一九二七〈昭和二〉年）〟、「火災頻発、数回の襲撃に依つて、東京全市灰燼《かいじん》に帰するやも図られず」と述べ、〝飛行機の性能がさらに向上し、軍艦の甲板から発着できるようになれば、日本の都市を襲うのも難しいことではなくなるだろう〟とつづける。そして、飛行機による空襲で東京湾要塞が無力化する可能性に言及している。

時代は進歩せり。戦法は変化せり。今や敵の東京を攻むる、必ずしも陸兵を相模湾に揚ぐるを要せず、艦隊を東京湾に進むるを要せず。敵に優勢の飛行機あれば足る。観《かん》音崎《のんざき》の砲台も、富津《ふっつ》沖の海堡も、天翔《か》ける敵に対しては、防禦《ぼうぎょ》の術の施すべきなし。今後若干年の後、東京湾口の海堡が品川台場と同様、閑人釣魚の場所となるなきを保せず（粟屋憲太郎・前坂俊之・大内信也編『水野広徳著作集』二）。

せっかく建設した海堡も、軍事的には無意味になり、魚釣りの場所になってしまうかもしれないというのである。

空襲という新しい攻撃方法により、木造家屋が密集する日本の都市は、少数の爆弾で容易に焼き払われてしまう。「空襲」に対しては新しい防御方法である「防空」が必要だ。これが陸海軍を問わず、軍事関係者の共通認識となった。

防空活動の一つに、夜間の空襲に備える灯火管制《とうかかんせい》があった。灯火管制とは、敵の飛行機に攻撃目標である都市の位置を知られないように、灯火を消したり、覆ったりして、上空からみえないようにすることである。これには、軍隊以外の一般国民の協力が必要だった。

陸軍は、国民に防空の必要を宣伝する意味も込めて、一九二一年一一月の東京付近における陸軍特別大演習の一部として、東京で灯火管制を実施しようとした。けれども、東京市を参加させようとしたところ、灯火管制をして街が暗くなったら、治安維持が難しい、交通事故が増えるという理由で実現に至らなかった（土田宏成『近代日本の「国民防空」体制』）。この時点では、空襲の脅威が一般に認識されず、そのための訓練の重要性も理解されなかったのである。

航空部隊と飛行場の整備

日本における航空兵力の育成も始まったばかりであった。航空兵器の利用は気球から始まり、一九〇七（明治四〇）年には陸軍内に、気球隊が設置された。一九〇九年には、陸軍大臣と海軍大臣（海相）の監督下に、臨時軍用気球研究会が設置され、気球と飛行機に関する研究を行なうこととなった。研究会では飛行場の設置候補地として、東京周辺の埼玉県所沢《ところざわ》、栃木県大田原《おおたわら》、同じく宇都宮付近、神奈川県相模原《さがみはら》、千葉県下志津原《しもしづはら》などが挙がった。検討の結果、所沢が選ばれ、一九一一年に所沢飛行場が開場した。

このように航空兵器の研究は陸海軍合同で始まったが、一九一二年（大正元）に海軍は独自の研究組織をつくり、臨時軍用気球研究会を実質的に離脱、横須賀《よこすか》に水上機用の追浜《おっぱま》飛行場を開設した（鈴木芳行『首都防空網と〈空都〉多摩』）。こうして日本の飛行機研究がようやく形になってきたころに、第一次世界大戦が勃発した。

第一次大戦から、飛行機が兵器として本格的に使用されるようになった。日本軍も青島《チンタオ》攻略の際に飛行機を使用した。けれども、飛行機の研究・開発・製造、そして使用法をリードしたのは、主戦場のヨーロッパで激戦を繰り広げた欧米列強であった。

日本軍は欧米の進んだ航空技術を取り入れようとした。第一次世界大戦終結後の一九一九年、陸軍はフランスから航空団を受け入れ、技術伝習を受けた。操縦は岐阜県各務原《かかみがはら》、射撃は静岡県新居浜《あらいはま》、爆撃は静岡県三方原《みかたはら》、偵察観測は千葉県下志津、気球は所沢で伝習が行なわれた。偵察観測の伝習が下志津で行なわれたのは、そこに砲兵学校（陸軍野戦砲兵射撃学校）があったからである。ここでの偵察観測は、砲兵の射撃を支援するためのものだった。伝習のために、下志津に飛行場が設けられた（栗原東洋『四街道町史』兵事編上巻）。その後、首都圏では、一九二一年に海軍が茨城県霞ケ浦《かすみがうら》に、一九二二年に陸軍が東京府立川に飛行場を開設した。

これらの飛行場には、航空兵力を養成する学校や教育部隊、実戦部隊などが置かれた。それらは同時に帝都防空用の施設でもあった。以後、航空兵力の発達とともに、飛行場もさらに増設されていく。

東京府・市の非常災害対策

一九一七（大正六）年の東京湾台風による水害の経験をふまえ、東京府は一九一八年五月八日、東京府訓令第一二号により東京府役所向け、同第一三号により郡役所・市役所・区役所・町村役場など向けの「非常災害事務取扱規程」を定めた。非常災害時に、それに応じた特別な態勢をつくり、府を中心に郡市区町村、軍隊や各種団体との連携を図って救済の実効を上げようとするものだった。

東京府役所を対象とした規程は一六条から成り、非常災害の場合において必要と認めるときは、総務・救援・物資・工事・会計の五部から成る「臨時救済委員」を設置することとしていた。そして、委員総長には内務部長、総務部長には救済課長、救援部長には学務兵事課長、物資部長には農商課長、工事部長には土木課長、会計部長には会計課長をあて、各部員は関係する課員から選任することとした。

郡役所・市役所・区役所・町村役場などを対象とする規程は一一条から成る。災害発生が予知されたときの準備、上部機関への報告、発生時の対処方法などを定め、さらに区町村長に非常災害事務取扱規程を、東京市長に両訓令に準じて災害救済に必要な処務規程を定めるように求めていた。

これを受け、東京市は一九二一年一〇月一二日に、東京市訓令甲第四一号により「非常災害処務規程」を制定した。規程は一二条から成り、非常災害事務を処理するため、総務・救護・工務・経理・電気の五部を置き、部長は助役・局長から市長が選定、関係する各局課員を配属することになっていた(白石弘之「東京都公文書館が所蔵する関東大震災関係資料について」、東京府編『東京府大正震災誌』)。

いかされなかった地震学者の警告

一九〇五(明治三八)年、総合雑誌『太陽』九月号の「学芸」欄に、東京帝国大学助教授で地震学者の今村明恒《あきつね》による「市街地に於る地震の生命及財産に対する損害を軽減する簡法」が掲載された。日露戦争末期、両国の講和交渉が行なわれ、まもなく戦争が終結しようというころのことである。

その書き出しの概要は、以下のようである。〝一八九一年に濃尾地震の大きな被害があった翌年に政府は震災予防調査会を設立し、震災予防の研究をさせた。調査会がこれまで発表した報告書は和文五一冊、欧文二一冊で、みな有益な報告を含んでいる。しかし、この活用の道を開かなければ、空文になってしまうから、世の人びとに紹介したい。〟

こうした書き出しとタイトルにも明らかなように、今村の目的は、これまで蓄積されてきた震災予防に関する研究成果を実際に役立てることにあった。

今村は、東京におけるこれまでの大地震の歴史をもとに、大地震の襲来と、それによる死者が一〇万から二〇万に及ぶ可能性を論じ、被害を軽減するために、火災を防ぐことの大切さを訴えた。

ところが翌一九〇六年一月、今村の論文を『東京二六新聞』がセンセーショナルに取り上げたことで、大騒ぎになった。この記事は、今年が丙午《ひのえうま》の年であり、丙午の年には火災が多いなどの不吉な迷信に言及したうえで、今村の述べた大地震襲来説と死者数を報じた。今村の真意からかけ離れた扱いであった。

人びとの不安は収まらず、大地震襲来のデマさえ流れる状況となった。そこで今村の上司である東京帝大教授の大森房吉《ふさきち》は、近い将来大地震が東京を襲う可能性を否定し、今村の説を根拠のない「浮説」であるとする記事や論考を発表し、騒ぎを鎮静化させた。

時は流れ、一九一五（大正四）年一一月、千葉県を震源とする群発地震が起きた。人びとは、大地震の前兆かと不安を募らせた。このとき、教授の大森が出張していたため、今村が新聞記者の取材を受けた。今村は〝大地震はないだろうが、火の元などは注意しておく方がよい〟とコメントした。ところが人びとは、それを大地震が来る可能性も否定できないという意味にとってしまった。出張先で東京の騒ぎを知った大森は急遽帰京し、今村を叱責、ふたたび世論鎮静化のために、大地震の心配はないとする意見を発表した。大森も地震対策の必要性は認識していた。しかし社会の安定を優先し、その後も、近い将来の大地震襲来を否定しつづけた（山下文男『君子未然に防ぐ』、泊次郎『日本の地震予知研究一三〇年史』）。

東京では大地震に対する社会の関心は高かった。にもかかわらず、専門家による研究成果を社会に広め、災害予防にいかそうとした今村の努力は報われなかった。大地震襲来の可能性を指摘し、対策の必要を訴えると、人びとは大きな不安に陥り、冷静に対策を講じるどころではなくなった。マスメディアも、恐怖を煽るような伝え方をした。とはいえ、近い将来の大地震襲来を否定しつつ、対策の必要性を訴えるのでは、迫力に欠けた。それなら大地震対策を講じるのは、別に今でなくてもよいではないか。

こうして東京では、前述の水害をきっかけにつくられた防衛態勢で、一九二三年九月一日の関東大震災を迎えることになった（鈴木淳『関東大震災』、北原糸子「関東大震災の行政対応策を生み出した大正六年東京湾台風」）。

巨大地震の襲来とその影響

関東大震災

関東大震災の発生

一九二三（大正一二）年九月一日午前一一時五八分、相模湾を震源とする巨大地震（マグニチュード七・九）が発生した。激しい揺れにより、多数の建物が倒壊、山間部では土砂災害が発生し、相模湾周辺と房総半島南端の沿岸部には、津波が襲来した。

人口が集中する地域が襲われたことに加え、被害を大きくしたのが、地震直後に同時多発的に発生した火災であった。昼時であったため、火を使っている家庭が多かった。地震にともなう火災の発生は、前述のとおり今村明恒《あきつね》がもっとも心配していたことである。その日の天気は曇りがちで、運の悪いことに風が強かった。

強風下の同時多発火災は、消防の対応能力を超えていた。震災により通信も不通となった。道路は、避難民と持ち出された家財によってふさがれた。家財は通行の妨げになっただけでなく、燃え上がって火事を広げた。橋（木造が多かった）も倒壊したり、焼け落ちたりしていた。給水設備が破壊され、水道は断水し、消火活動をいっそう困難にした。木造家屋が密集する東京の構造的な弱点が露わになり、火災は延焼をつづけた。東京市は三日午前一〇時頃まで燃えつづけ、当時の東京市の四〇％以上が焼けてしまった。

それにより多数の焼死者が出た。東京市本所《ほんじょ》区（現在の東京都墨田区南部）の被服廠《ひふくしょう》跡（陸軍の工場が移転した後の空き地）には、火事から逃れて多数の避難民が集まってきていたが、一日夕方に大規模火災の際に起きる特殊な現象である火災旋風《せんぷう》が襲い、四万人近くが犠牲になった。避難民が家財を持ち込んでいたことも、被害を大きくした。可燃物が、火災旋風とともに燃え上がったからである。

関東大震災による死者・不明者は一〇万五〇〇〇人あまり、その九割近くが火災によるものであった。このうち東京市の死者・不明者は、約七万人である。

延焼をつづける大火災とうちつづく余震、多数の死傷者、逃げ惑う人びと、突然の地震の襲来によって変わり果てた街の様子に人びとは動揺した。そして交通・通信の断絶、報道機関の被災により、正確な情報を収集することも、発信することも困難となってしまった（ラジオ放送が始まるのは、二年後の一九二五年である）。それでも、いやだからこそ、情報を求めずにはいられない人びとの間に、さまざまな流言が生じた。〝富士山が噴火した〟〝大津波が来る（相模湾周辺と房総半島南端には高い津波が押し寄せたが、東京湾奥の東京地域では津波の高さは一米《メートル》程度で被害はなかった）〟〝さらに大地震が襲来する〟〝朝鮮人や社会主義者が放火をしている〟などであった。これらは間違っていた。しかし、その時点では真偽を確かめる術がなかった（中央防災会議災害教訓の継承に関する専門調査会報告書『一九二三　関東大震災』第一編・第二編）。

政府の被災と政治の不安定

通常の火災なら同時多発性は低く、地域も限定される。水害は広範囲に及ぶものの、浸水するのは沿海・沿川地域など低地が中心である。しかし、巨大地震は、その強い揺れが及ぶ広い範囲のすべてに、ほぼ同時に被害を生じさせる。それが首都近くで起きれば、首都機能の全体が一気にダメージを受けるのである。

関東大震災では、災害対応の中心となる内務省・警視庁も本庁舎を焼失し、各地の警察署も大きな被害を受けた。その他の中央官庁も、揺れや火災で被害を生じた。政府自身も被災者となってしまったのである。政府の対応は遅れた。

しかも地震発生時は、政権交代のさなかであった。八月二四日に内閣総理大臣の加藤友三郎が大腸ガンにより死去したため、外務大臣（外相）の内田康哉《やすや》が首相を臨時兼任し、

図6　関東大震災時に炎上する警視庁（北原糸子編『写真集 関東大震災』吉川弘文館，2010年）

後継首相に決まった山本権兵衛《ごんべえ》が新内閣の組織を進めていた。

しかし、有力政党の協力が得られず、組閣が難航している間に、九月一日の地震が襲来する。そこで内田臨時首相が加藤内閣の閣僚を率い、初期の救護活動にあたった。山本も組閣作業を急ぎ、二日夜に山本権兵衛内閣（第二次）が成立し、震災対応を引き継いだ。政治の指導力が一番求められるときに、それが欠けていたのである。また、震災発生前にこうした政治の不安定が国民の間に印象づけられていたことは、震災後に報道が停止した中で、被災者の不安と動揺をいっそう大きくすることとなった（前掲『一九二三 関東大震災』第二編）。

前述のように、東京衛戍《えいじゅ》総督部が廃止さ

れた後、東京の衛戍を担当する東京衛戍司令官は、近衛師団長と第一師団長のうち、先に師団長となった方が務めることになっていた。当時の東京衛戍司令官は、近衛師団長の森岡守成《もりしげ》であった。ところが、大地震発生当日の九月一日、森岡は近衛師団長としての業務で千葉県下志津《しもしづ》に出張中で、東京を留守にしていた。二日朝に森岡が帰京するまで、第一師団長の石光真臣《いしみつまおみ》が東京衛戍司令官代理を務めた。このことも初動を妨げた。

被害が拡大し、警視庁本庁舎も炎上する中、一日午後四時三〇分、警視総監の赤池濃《あかいけあつし》は東京衛戍司令官に出兵を正式に要請した。陸軍もすでに被災地に一部兵力を展開し、補助憲兵も派遣していたが、さらに出兵を本格化させた。その後も被害は拡大し、巨大災害に応ずる大規模な出兵が必要になったため、千葉県、さらに北関東・信越・北陸・東北の部隊にも、東京への出動が命じられた（吉田律人『軍隊の対内的機能と関東大震災』）。

戒厳令の適用

九月二日午前、臨時首相の内田康哉は臨時閣議を開き、非常徴発令の施行、臨時震災救護事務局の設置を決めた。

非常徴発令（勅令第三九六号〈緊急勅令〉）は、政府が、被災者の救済に必要とされるモノやヒトを、強制的に確保できるようにする法令である。勅令第三九七号で設置された臨時震災救護事務局は、内閣総理大臣を総裁、内務大臣を副総裁、関係各省次官・社会局長官・警視総監・東京府知事・東京市長（九月一七日神奈川県知事・横浜市長を加える）、関係各省・府県の高等官らをメンバーとする組織である。四日には横浜に神奈川県支部が設置された。

臨時震災救護事務局には、総務部・食糧部・収容施設部・諸材料部・交通部・飲料水部・衛生医療部・警備部・情報部・義捐《ぎえん》金部・会計経理部の一一部が置かれた。こうして平時における縦割りの行政組織間を連絡・調整する機関をつくり、巨大災害に対処する仕組みを整えたのである（前掲『一九二三 関東大震災』第二編）。

被災地では延焼がつづき、朝鮮人暴動の流言が急速に拡大して不安と混乱を助長していた。もはや警察の力では混乱を収めることは不可能と判断された。二日昼過ぎ、政府は、日比谷焼打ち事件の際と同様のやり方で、被災地に戒厳令《かいげんれい》の一部規定を適用することとした。東京府下の東京市・荏原《えばら》郡・豊多摩《とよたま》郡・北豊島郡・南足立郡・南葛飾《かつしか》郡に戒厳令の第九条と第一四条が適用され、東京衛戍司令官・森岡守成近衛師団長が戒厳司令官となった（勅令第三九八号〈緊急勅令〉、勅令三九九号）。しかし、連絡手段が破壊されていたため、戒厳令の適用がすぐに軍隊全体に伝達できたわけではない（吉田律人『軍隊の対内的機能と関東大震災』）。

この日の夜には、山本権兵衛内閣が成立した。翌三日、「関東戒厳司令部条例」（勅令第四〇〇号）により関東戒厳司令部が設置された。戒厳令と大兵力の展開に応じる上級司令部が必要とされたのである。関東戒厳司令部には、長として関東戒厳司令官（陸軍大将または中将）が置かれた。そして、関東戒厳司令官は天皇に直隷《ちょくれい》し、「東京府及其ノ附近」における「鎮戍《ちんじゅ》警備」に任じ、その任務達成のために、その区域内にある陸軍軍隊を指揮するものとされた。関東戒厳司令官には福田雅太郎陸軍大将が就いた。

関東戒厳司令官の設置とともに、東京衛戍司令官の職務は停止され、戒厳令適用区域は東京府全域と神奈川県に拡大された。そして神奈川県横須賀《よこすか》市および三浦《みうら》郡については横須賀鎮守府司令長官が、その他の区域については関東戒厳司令官が、それぞれ戒厳司令官の職務を行なうことになった（勅令第四〇一号）。ここでも帝都防衛における陸海軍の地域分担は守られている。四日には戒厳令適用区域に、さらに埼玉県・千葉県が加えられた（勅令第四〇二号）。

こうして前例のない大災害に対して、前例のない強力な警備態勢がとられることとなり、動員された兵力は、九月中旬のピーク時には軍隊・憲兵合計約五万人に達していた（東京市役所編『東京震災録』前輯）。これほどの巨大災害が発生したのも、また、これだけの大兵力を用いて帝都の警備、国内の警備がなされたのも、はじめてのことであった。

流言・暴行・殺害

しかし流言は収まらなかった。特に朝鮮人に関わる流言は、震災に乗じた放火・爆破、井戸への投毒、集団による襲撃と内容が広がりと具体性を持つようになり、被災地および被災者が避難していった地域に拡大していった。流言を信じ、警察・軍隊の力だけでは不足を感じた住民たちは、自警団を組織し、朝鮮人を捕らえて暴行を加え、殺害した。自警団の中心メンバーは、かつての災害や暴動の際に救助や警戒にあたり、警察からも頼りにされるようになっていた在郷軍人や青年団員たちであった。警察も住民に、自警団活動を促した。軍隊や警察などの公的機関も、一時は流言を信じ、殺傷に手を染めた。それをみた民間人が、流言を事実と誤認するという負の連鎖が起こった。

九月三日には、警視庁も朝鮮人暴動の流言は疑わしいとみなし、朝鮮人の保護と自警団の取締りに動き出した。しかし、自警団員の中には、警察に反抗的な態度をとる者が多かった。恐怖と不信によって団結を強めた自警団は、警察の指導に服さなかった（宮地忠彦『震災と治安秩序構想』）。

また、「戒厳令」の意味が正しく理解されず、混乱を拡大させたとの吉田律人の分析もある。すでに朝鮮人暴動の流言が広がり、信じ込まれていたところに、後から戒厳令適用の知らせが伝わったことで、両者が結びつき、朝鮮人暴動を鎮圧するために戒厳令が適用されたのだという誤解が生じてしまった。

また、関東大震災以前に東京で戒厳令が適用されたのは、日比谷焼打ち事件しかなかったから、「戒厳令」といえば暴動を鎮圧するためのものとイメージされていた。そのため、戒厳令の適用は、朝鮮人暴動の流言を抑制するという点においては、逆効果となってしまったのである。災害が収まり、地方の軍隊の応援も到着し、警備力も充実してくると、九月七日あたりから、被災地は落ち着きをとり戻していった。ようやく軍隊も、救護や復旧の方に力を入れられるようになった（吉田律人『軍隊の対内的機能と関東大震災』）。

これらの事件により殺害された犠牲者には、朝鮮人（数百人から数千人などの説がある）に加え、朝鮮人と「誤認」（意図的なものを含む）された中国人（数百人）、日本人も含まれる。そして労働運動家が軍隊・警察によって捕らえられ殺害される事件（亀戸《かめいど》事件）、無政府主義者の大杉栄《おおすぎさかえ》らが憲兵によって殺害される事件も起きている。

第一次大戦後、日本による植民地支配に対し、朝鮮人の独立運動、抵抗運動が活発化していた。また、日本で働く朝鮮人は、日本人よりも低賃金で雇われていたため、朝鮮人に仕事を奪われると感じる日本人もいた（山田昭次『関東大震災時の朝鮮人虐殺』）。一九一七年のロシア革命の影響を受け、日本の社会主義運動も盛り上がりをみせ始めていた。それらに対する日本の政府と国民の反発・警戒・差別・偏見・無理解などが、震災による帝都の壊滅・混乱・情報不足という事態に直面したとき、流言を生み、事実と誤認させ、残忍な行動をとらせるに至ったのである。

関東大震災の教訓

関東大震災は、帝都の防衛態勢に大きな変更を迫るものであった。地震国である日本では、また同じようなことが起こりうる。そして、遠い国の出来事であった空襲も、実感をともなって語られるようになった。空襲を受け、同時多発火災が生じた際にも、同じような事態になるだろう。大規模な自然災害や空襲を想定した備えが必要だ。では、その備えはどのようなものであるべきか。

まず、軍・警察・府・市など、公的機関の連携を強化する必要があると考えられた。前述のように、震災前に東京府は「非常災害事務取扱規程」を、東京市は「非常災害処務規程」を制定しており、震災でもそれに基づいて救護事務を行なっている。そこに軍や警察も加わえた態勢をつくることが目指された。

さらに警察力・消防力などの不足を補うために、民間人を組織的に動員することも考えられた。しかし、関東大震災で民間人によって組織された自警団は、流言にまどい、朝鮮人を殺傷し、警察の統制もきかず、かえって混乱を助長してしまった。問題はそれをどのように改良するかであった。

このように関東大震災後、軍官民一体となった防衛態勢の構築が模索されるようになったのである（土田宏成『近代日本の「国民防空」体制』）。震災発生から二ヵ月半が過ぎた一一月一六日、戒厳令の適用が廃止される（一一月一五日勅令第四七八号・第四七九号）。同時に「東京警備司令部令」(同日勅令第四八〇号)によって、関東戒厳司令部は廃止され、新たに東京警備司令部が設置となった。

東京警備司令部には、長として東京警備司令官(陸軍大将または中将)が置かれ、天皇に直隷し、「帝都及其ノ附近」の「警備」に任じ、その警備区域は東京市・荏原郡・豊多摩郡・北豊島郡・南足立郡・南葛飾郡、横浜市・橘樹《たちばな》郡で、あわせて東京衛戍司令官の職務も行なうこととされた。また軍令陸第一〇号(一一月一五日)により、東京警備司令官は、その警備区域の警備に関しては、同区域内にある軍隊を指揮するとされている。

このように東京警備司令官は、関東戒厳司令官の「鎮戍警備」の任務から、「鎮戍」を除いた「警備」のみを引き継ぎ、それをほぼ現在の東京二三区・横浜市・川崎市にあたる区域で実施することとされた。戒厳令の適用に即応できる常設の機構と体制が、大震災を画期として、京浜地域に確立されたのであった(大江志乃夫『戒厳令』)。

新しい帝都防衛態勢構築の動き

とはいえ、当初から東京警備司令部が常設化されることが決まっていたわけではない。閣議にかけるために、陸相田中義一《ぎいち》から首相山本権兵衛に提出された東京警備司令部設置の勅令案に付された理由書によると〝関東戒厳司令部の廃止後、警備のために「当分ノ内特設ノ機関」を置く必要があるから〟とされていた(「東京警備司令部令ヲ定ム」JACAR：A13100604700、「公文類聚」第四七編・大正一二年・第三巻・官職二・官制二〈内務省二・大蔵省・陸軍省・海軍省〉〈国立公文書館〉)。東京警備司令部設置直前の『東京日日新聞』でも〝東京警備司令部は、前にあった東京衛戍総督部の復活のようなものだが、今度の大震災のようなことはそうたびたびあるかどうかわからないから、かつて東京衛戍総督部が「無用の長物視」されて廃止となったのと同様、東京警備司令部も「厄介物あつかひ」されないとも限らない〟と述べられていた(『東京日日新聞』一九二三〈大正一二〉年一一月一二日朝刊)。

しかし、同年末の摂政宮《せっしょうのみや》(のちの昭和天皇)狙撃事件(虎ノ門《とらのもん》事件)、翌一九二四年一月一五日のかなり大きな余震(マグニチュード七・三。東京府で死者六人、神奈川県で死者一三人。宇佐美龍夫ほか『日本被害地震総覧 五九九―二〇一二』)など、警備を担当する専門機関の必要性が認められるような事件・事象はその後も発生し、東京警備司令部は存続する。

震災が空襲と二重写しになっていたことはすでに述べたが、震災時、空中移動手段である飛行機は、その特性を発揮して活躍していた。日光御用邸に静養中の大正天皇の安全確認と震災状況の報告のため、宇都宮と東京(代々木《よよぎ》練兵場)を結ぶなど、被災地と被災地外を連絡したほか、空中から被災状況を偵察・撮影したり(北原糸子編『写真集 関東大震災』)、宣伝文を撒布したりしている(前掲『東京震災録』前輯)。

一方で、東京湾口の人工島である海堡《かいほう》は、この震災により大きな被害を受けた。水深の深い沖合につくられた第二海堡・第三海堡の被害は深刻だった。復旧はなされず、第三海堡は除籍、第二海堡は砲が撤去された。技術の進歩によって火砲の射程は伸び、海堡という手段を用いずとも、東京湾への艦船の侵入を防ぐことが可能になっていた（東京湾第三海堡建設史刊行委員会編『東京湾第三海堡建設史』、国土交通省関東地方整備局東京湾口航路事務所編『富津市富津第二海堡跡調査報告書』）。一九二二年にはワシントン海軍軍縮条約も結ばれ、巨額の経費をかけて海堡の復旧工事を行なう必要は認められなかったのである。第三海堡は、完成からわずか二年半しか経っていなかった。

軍官民一体の防衛態勢についても見直しが図られたが、震災時の東京府知事で一九二五年九月までその地位にあった宇佐美勝夫《うさみかつお》は、のち（一九三〇〈昭和五〉年）に次のように語っている。

実は震災直後の仕事も稍《やや》落着き又〔大正〕十三年一月十五日の地震〔前述のかなり大きな余震〕も過ぎたる後、東京府庁員の総動員召集に関する方法を計画すると共に、関係官庁間及官民間に連絡協調を保つべき統一方法を樹立したく考へ、市、警視庁、軍隊の間に協議を開いたのでありましたが、ツイ其事は何れも成功し得なかつたのでありあます（東京市政調査会編『帝都復興秘録』）。

東京では、将来の災害対策よりも、まずは復興が優先されたのであった。

関東大震災後の都市防衛

「大阪市非常変災要務規約」

関東大震災直後に、その教訓をいかした軍官民一体の新たな都市防衛態勢の整備に取り組み、それを実現していた都市は、大阪であった。東京の被害に衝撃を受けただけではなく、次に大地震が襲来するのは大阪ではないかと考えられていたためである。それは単なる風評ではなかった。関東大震災の襲来と被害を的確に予測していた地震学者今村明恒は、震災の翌月の一九二三（大正一二）年一〇月に大阪で講演を行ない、

今度の大地震に引続き、いくらか経過した後に於て、第二回の大地震を記す場合に於ては、寧《むし》ろそれが関西に近い位置ではあるまいかとも想像せられるのである

などと述べ、市民による防火とその訓練の必要性を訴えている（今村明恒『地震講話』）。

そうして大阪府・大阪市・地元陸軍（第四師団、大阪憲兵隊）との間で協議がなされ、震災一周年の一九二四年九月一日に「大阪市非常変災要務規約」が制定された。その第一条によれば、規約の要旨は、次のとおりである。

本規約ハ大阪市ニ於ケル非常変災ニ対シ、常時之ガ応急準備ヲ計画シ、以テ大阪府庁、大阪市役所、第四師団、大阪憲兵隊ノ救護事務ヲ適切ニ協調セシムルト共ニ、市内各団体ヲシテ、之ニ対スル秩序アル援助ヲ為サシムルヲ以テ要旨トス

規約にいう「非常変災」とは、「震災、火災、洪水、海嘯《かいしょう》及之ニ準ズベキ災害、若クハ事変」と定められていた（第三条）。この規約により、非常変災時には、各公的機関の代表を集めた委員会によって、それら機関の連携を確保し、その下に在郷軍人会・青年団・医師会・町内会などの団体を組織的に動員する態勢がつくられた（土田宏成『近代日本の「国民防空」体制』）。

各青年団でも非常変災時の活動に関する規定を設けている。大阪市南大江青年団は、一九二五年四月一日に「非常変災用務規定」を制定、「非常係」（団長・副団長が就く「非常指揮官」と、各分団から七名ずつ選定される「非常委員」）を設置した。非常委員は地域の火災や後述する北丹後《きたたんご》地震の際に出動している（大阪市南大江青年団編『沿革誌』）。

その後、関西では、今村明恒の予測を裏書きするように、一九二五年五月に兵庫県北部

の北但馬《きたたじま》地方で北但馬地震（マグニチュード六・八、死者四二八人）、一九二七（昭和二）年三月に京都府北西部の丹後半島で北丹後地震（マグニチュード七・三、死者二九一二人）が発生した。

北丹後地震では、大阪府も震度五の揺れに襲われ、二一人の死者が出た（宇佐美龍夫ほか『日本被害地震総覧　五九九―二〇一二』）。大阪市南大江青年団では、地震発生後、直ちに非常委員を召集、集まった七〇余名は各班に分かれて地域の警備に当たり、倒壊した塀の修理や救援活動に従事している。

大阪防空演習

一九二八（昭和三）年の七月五日から七日にかけて、第四師団の主催により、日本ではじめての都市防空演習である大阪防空演習が実施された。軍隊が行なう来襲機に対する空地の防空戦闘（「軍防空」という）のほか、軍隊以外が行なう灯火管制《とうかかんせい》、そして青年団・在郷軍人・消防・医師などによる警備・消防・防毒・救護など（「国民防空」、「民防空」などという」）の訓練が行なわれた。

夜間、上空の敵機に目標を与えないようにするために、都市全体で行なう灯火管制は、全市民の協力を必要とする。たとえ一軒の灯りでも上空から発見されてしまえば効果がなくなるからである。市民の動員にもっとも大きな役割を持っていた大阪市役所は、防空演習実施に積極的だった。大阪市は、関東大震災の経験に鑑み、非常時に応じる市民訓練の必要を痛感し、青年団に対して訓練を実施しようと企図していたところだった。そのため、防空演習を絶好の機会ととらえ、この機会に「大阪市非常変災要務規約」を実地に試してみようとした。実際に、大阪市連合青年団の防空演習参加に関しては、「大阪市非常変災要務規約」が適用された（土田宏成『近代日本の「国民防空」体制』）。

青年団員は、防空宣伝ビラの配布訓練をはじめとして、食糧・被服・飲料水などの配給事務補助（仮想）、道路・橋梁《きょうりょう》・建築物などの保護修覆作業補助（仮想）、防毒記録用紙の配布・収集、傷病者・迷子の保護収容ならびに避難者保護（仮想）のほか、警備補助員や伝令員として活動した（大阪市連合青年団編『創立二十周年記念大阪市連合青年団史』）。

東京でも、この演習に強い関心が寄せられていた。陸軍の東京警備司令部だけでなく、東京市と警視庁からも職員が視察に訪れている。東京市社会教育課長は、『東京市公報』に「大阪防空演習概況並感想」という報告記事を載せている。

今回大阪市を中心として行はれたる防空演習は、爆発〔撃？〕飛行機の襲来を想定せし吾国最初の都市防衛演習にして、その主たる目的は戦争時に於ける敵機の来襲に備〔備〕ふるにあるは勿論なれども、戦時以外の非常事変、即ち暴風時の火災、深夜の大地震等に遭遇したる際に於ける官民一致の共同防衛、市民の訓練に資するも亦その目的とせし所なり（『東京市公報』一九二八年九月四日）。

東京市職員も、防空演習は空襲に対するためだけのものではない、との見方をしていた。防空演習は、総合的な都市防衛演習として始まったのである（土田宏成『近代日本の「国民防空」体制』）。

大阪から東京へ

大阪防空演習に刺激され、翌一九二九（昭和四）年七月に名古屋（名古屋に司令部を置く第三師団主催）、一一月に水戸（陸軍大演習の一部）で、それぞれ防空演習が実施された。大阪での経験をいかし、市民の動員態勢に改良が加えられた。大阪の場合、動員された青年団や在郷軍人会などの各種団体は、横のつながりを持たず、個別に活動したため、団体間で作業が重複したり、競合が生じたりするなど、全体の統一を欠いていた。

そこで名古屋では、各種団体を市長の下に「名古屋防空自警団」として統合し、それを市—区—小学校通学区域という地域行政区画に従った形で、系統的に動員する態勢がつくられた。水戸でも、名古屋と同様の措置がとられた。しかし、名古屋と水戸のいずれの「自警団」も演習後に解散し、常設化はされていない。

こうして昭和初期の防空演習を通じて、陸軍の指導と、陸軍に対する地方行政機関（特に都市）の協力を軸に、①軍と軍部外機関の代表者をメンバーとする委員会を組織し、関係機関の間の連携を確保する、②市長の下に在郷軍人会や青年団などの各種団体を統合し、それを小学校通学区域を最小単位とする地域行政区画に従って系統的に動員する、という空襲や大規模災害に対する防衛態勢が形成されていった。

復興が進んでくると、東京でもこうした態勢を構築し、防空演習を実施しようという動きが本格化してくる。労働争議をはじめとする各種社会運動の活発化に対する警戒もそれを後押しした。一九三〇年頃、浜口雄幸《おさち》民政党内閣の金解禁政策にともなう不況は、世界恐慌の勃発と重なることで、昭和恐慌へと発展しつつあった。東京市自身が、市電の経営者として、ストライキに直接対峙《たいじ》しなければならなかった（土田宏成『近代日本の「国民防空」体制』）。

「現下ノ社会不安ト治安用兵上ノ考察」

東京市だけでなく、東京警備司令部も、各種社会運動の活発化に危機感を抱いていた。東京警備司令部は、一九三〇（昭和五）年八月二〇日に「現下ノ社会不安ト治安用兵上ノ考察」と題する文書（以下「考察」と略記）を作成している。「考察」は、都市の失業問題と農村の疲弊《ひへい》問題について、現状を分析し、どのような騒擾《そうじょう》の発生可能性があり、そのために出兵が必要となった場合、どのようなことに注意すべきかについて記述したものである。「秘」扱いとされ、陸軍省高級副官より内外地の軍・師団へ、参考のために配布されている（「参考書配布の件」、JACAR：C01003941800、昭和〇五年「密大日記」第四冊〈防衛省防衛研究所〉）。

まず、「考察」は、失業問題・農村問題の現状が極めて深刻であることを指摘し、こうした状況下で発生の予想される「失業騒擾」や「農村騒擾」は、従来の騒擾と比べてその規模や広がりが大きく、根本的な解決も難しいとする。東京警備司令部は、出兵によって軍隊が、労働者・農民の敵として国民の怨嗟《えんさ》の的となると同時に、兵士の心理にも悪影響が及びかねないことを憂慮していた。「考察」は最後に次のように結論する。

要之《これをようするに》、不況及失業問題ニ基ク社会不安ハ、一歩ヲ謬《あやま》レバ国軍対国民ノ関係ニ重大ナル反響ヲ惹起《じやつき》スベキヲ以テ、軍部ハ情勢ノ推移ヲ注視シテ、常ニ其真相ヲ把握スルト共ニ、関係地方官、憲兵等ト密接ニ連絡シテ出兵ノ当否、時機ノ選定ヲ適正ニシ、以テ仮令《たとい》速急ノ事態ニ際シテモ万《ばん》遺算ナキヲ期スルノ要、切ナルヲ認ムルモノナリ。

昭和恐慌下で各種社会運動が激化していくなか、治安維持のための出兵の可能性が高まっていた。東京警備司令部は、そうした出兵が、一歩間違えば軍隊の国民的基盤を破壊しかねないことを恐れ、関係地方行政機関や憲兵隊などと、密接な連絡をとりながら、慎重に対処する必要を感じていたのである。

こうした危機感の共有に基づき、東京市と東京警備司令部は連携を深めていく。

「東京非常変災要務規約」

一九三〇（昭和五）年三月、帝都復興事業の完成を祝う「帝都復興祭」が行なわれ、帝都復興事業は一段落した。この時機をとらえ、東京警備司令部は、東京府・警視庁・東京市各当局に対し、関東大震災の惨害の一因が、市民の団体的訓練の不足にあったことから、非常変災時に処する警備・防護などを実施すべき組織を平素より確立して、その訓練を実施することが必要であると訴えた。五月中旬には、東京警備司令部の参謀と東京市社会教育課長との協議の結果、明年を目標として帝都の「非常時災害防備演習」を実施することが決定された。東京府・東京市・東京警備司令部・東京憲兵隊・警視庁が協力し、在郷軍人会・青年団などの団体を動員して行なうものであった（土田宏成『近代日本の「国民防空」体制』）。この計画について、東京市社会教育課長は次のように述べている。

非常時災害防備演習の必要なることは今更申すまでもない。先年の大震災のやうな災害と戦争のやうな人為的災害とを問ず、平時に於いて常に之に対する備へをして置く必要がある。先年の大震災はその適切なる体験であらう。また近くは昨年末の市電罷《ひ》業《ぎよう》による交通機関の混乱である。これ等に対する平素の備へが充分であつたならば、市民は少しも狼狽《ろうばい》せず、臨機応変の処置が出来るのである。都会生活者の欠点は責任感が薄いことである。この団体演習によつて共同一致の精神を養ひ、自分等の都市を守るといふ愛都心と自治心を喚起することになり、併せて非常時に於ける市民の不安と損失を出来るだけ防止しやうとする市民訓練の一つとして行ふのである（『都新聞』一九三〇年五月一六日朝刊）。

大規模災害・戦災・ストライキへの対策、そして「愛都心」と「自治心」の喚起という精神面の効用など、当時の都市が抱えていたさまざまな問題への対策が演習に期待されていたことがわかる。

以後、そのための準備が進められた結果、「非常変災」時における各関係機関の連携と役割分担、市民の組織的動員などについて定めた「東京非常変災要務規約」が七月三一日に成立し、関東大震災の七周年にあたる九月一日に施行された。その第一条によれば、「東京非常変災要務規約」の目的は、次のとおりであった。

本規約ハ東京市及其附近ニ於ケル非常変災ニ当リ、之ガ防護ニ関シ東京府庁、東京市役所、警視庁、東京警備司令部及東京憲兵隊ニ跨《またが》ル事項ニ就テ常時其対策ヲ計画シ、以テ有事ノ際事務ノ協調ヲ図ルト共ニ、右地域内ニ於ケル諸団体ヲシテ統制アル援助ヲ為サシムルヲ目的トス。

その目的を達するため、東京市役所内に東京市長を会長とし、各関係機関の代表者をメンバーとする「防護委員会」を設置することにしていた。これらの内容は、規模の違いこそれあれ、前述の「大阪市非常変災要務規約」にもみられたものである。だが、それまで各地で行なわれてきた防空演習の成果を反映し、「灯火管制」「偽装・遮蔽《しゃへい》」や毒ガス対策など、防空特有の活動が、具体的に盛り込まれている点が異なっている。

そして、公的機関の活動を援助する青年団などの各種団体は、名古屋や水戸の「自警団」と同様に、市長の下に「防護団」として統合されることになった。名古屋や水戸の「自警団」と異なるのは、「防護団」が常設組織とされていたことである。「東京非常変災要務規約」の制定により、昭和初期の防空演習を通じて形成された軍官民一体の防衛態勢が、より進化した。

国民防空協会の設立

同じころ（一九三〇〈昭和五〉年八月）、防空の研究・普及団体である「国民防空協会」が設立されている。会長は貴族院男爵議員の藤村義朗《よしろう》（元逓《てい》信《しん》大臣）、副会長は予備役陸軍中将の石光真臣《いしみつまおみ》（関東大震災時の第一師団長）で、理事には陸軍出身者、東京市の青年団関係者が名を連ねていた（土田宏成『近代日本の「国民防空」体制』）。協会は防空の意義を訴えるため、次のように関東大震災以降の地震活動に具体的に言及しながら、防空が震災対策としても有効であると強調していた。

戦争は将来何時起るや否やは、不明の問題でせう、併《しか》し防空のことは、必らずしも戦争を待つて其効果が顕はれるものでは無いのです。地震学者は、概《おおむ》ね百年目毎《ごと》に、大震災があると云ふ風に、話された事を記憶するが、或《あるい》はそんなものかも知れぬ、併し関東震災の後にも、大正十四年には、城崎《きのさき》地方の震災があり、昭和二年には、奥丹後地方の震災があつた様に、非常変災と云ふ気紛れな先生は、何時私共を襲ふて来るかも知れぬでは有りませんか?。防空を研究して、それに対する準備をして置くと云ふことは、それが如何なる非常変災の場合にも、役立つことになるのです。即《すなわ》ち非常災害の総ての物を綜合したものが、空中攻撃から生ずる災禍であるとも云へることは、諸君も定めて、御異存は無いでせう（国民防空協会編『空の護り』）。

なお、この小冊子が発行される直前の一一月二六日にも、北伊豆地震（マグニチュード七・三、死者二七二人。宇佐美龍夫ほか『日本被害地震総覧　五九九―二〇一二』）が起きている。ところが、「東京非常変災要務規約」は制定されたものの、その後すぐには防護団の設立はなされず、防空演習実施の目途も立たなかった。費用の問題や、帝都としての特性に由来する多数の関係機関との調整、ロンドン海軍軍縮条約の締結に代表される軍縮・平和ムードなどが、その原因であった。そうした状況を一変させたのが満洲事変だった。

テロ・クーデターと戦争の時代へ

満洲事変と関東防空演習

三月事件

一九二〇年代の終わり、中国ナショナリズムの高揚による日本の満洲（現在の中国東北部）権益の不安定化や、海軍の一部の反対を押し切ってなされたロンドン海軍軍縮条約の締結、世界恐慌の影響を受けた不況の深刻化、政党同士の政権争いの激化などを受けて、軍部や右翼などに政党内閣に対する反発や憎悪が強まった。彼らは、テロやクーデターという非合法的な手段に訴えてでも、政治を変えようとした。帝都東京は、その舞台となる。

一九三〇（昭和五）年一一月には、首相の浜口雄幸《おさち》が右翼青年に拳銃で撃たれ、重傷を負った。そのため外相の幣原喜重郎《しではらきじゅうろう》が首相臨時代理に就任し、浜口の回復を待つことになったが、与党の立憲民政党は内部のまとまりを欠き、野党の立憲政友会は政権交代のチャンスとみて、内閣への攻撃を強めた。第五九回帝国議会では一九三一年二月に、臨時首相幣原の失言問題をめぐって与野党が衝突、議会内での乱闘事件にまで発展した。三月、浜口は議会に出席したが、十分な答弁ができず、健康状態の悪さは明らかであった。

こうした政治の混乱ぶりをみて、現状に不満を持つ陸軍の首脳部と中堅将校、民間右翼、無産政党や政友会の一部などにより、浜口内閣の陸相である宇垣一成《うがきかずしげ》を首相とする内閣の樹立をねらったクーデターが企てられた。しかし、クーデターは未遂に終わった（三月事件）。

真相は隠され、さらに各勢力の思惑も一致していなかったために、計画の実態ははっきりわからないが、その概要は、①右翼と無産政党などを動員し、議会に対して大規模なデモを仕掛ける、②その鎮圧を名目に軍隊を出動させる、③軍隊は議会を包囲し、その威圧により、浜口内閣を総辞職に追い込み、宇垣内閣の樹立を図る、というものであった。民間側には、陸軍から擬砲弾（演習で使われる大きな音を発するもの）も手渡されている（小林道彦「三月事件再考」、堀真清「三月事件」）。

軍が民間と組んで、治安維持のための出兵を悪用し、権力を握ろうとするのは、これまでにない動きであった。

満洲事変から五・一五事件

一九三一（昭和六）年九月、関東軍の謀略により、満洲事変が引き起こされた。一〇月には、陸軍の中堅将校、陸海軍の青年将校、民間右翼などが、関東軍の動きに呼応し、陸軍中将の荒木貞夫《さだお》を首相とする内閣樹立をねらったクーデターを企てた（一〇月事件）。

もはや、治安維持のための出兵などという名目を掲げることもなく、はじめから軍隊による首相などの要人の襲撃、警視庁や陸軍省・参謀本部、新聞社・放送局・通信施設などの占拠などが計画されている。飛行機の参加や爆弾・毒ガスの使用まで考えられていた（刈田徹『増補改訂版　昭和初期政治・外交史研究』）。三月事件と比べて、規模も暴力性も増している。事件は関係者の検束により、未遂に終わったが、またしても真相は公表されず、処分も甘かった。

テロもつづいた。一九三二年二月には、前大蔵大臣で民政党のリーダーの一人である井上準之助《じゅんのすけ》が拳銃で射殺され、三月には三井財閥の最高幹部団琢磨《だんたくま》が拳銃で射殺された。犯人はいずれも右翼団体「血盟団《けつめいだん》」のメンバーであった。

五月一五日夕方には、海軍青年将校と陸軍士官候補生、民間右翼によってクーデターが実行された。青年将校らは首相官邸に首相の犬養毅《いぬかいつよし》を襲い、拳銃で射殺し、内大臣官邸・警視庁・政友会本部・日本銀行本店を手榴弾《しゅりゅうだん》や拳銃で襲撃した。いっぽう民間右翼は、市内の変電所を手榴弾で襲い、東京の暗黒化をねらったが失敗した。参加者は四〇人に満たなかったが、現職首相が現役軍人に暗殺されるという未曽有《みぞう》の事件になり、政党内閣時代を終わらせることになった（五・一五事件）。

このように軍部が台頭する中で、帝都の治安を守るはずの軍隊が、治安の脅威になるのが、一九三〇年代の特徴である。これらの事件には軍人、すなわち専門的な軍事訓練を受けた者たちが参加し、拳銃や爆弾も使用された。圧倒的な武力の差によって、五・一五事件では、警備にあたっていた警官らも殺傷され、任務を全うできなかっただけでなく、警視庁も襲撃対象とされた。

一九三三年一〇月、警視庁では、こうした事態にも対応できる集団的警察組織である「特別警備隊」を設置している。特別警備隊は、隊長以下三〇七人からなり、一般警察官と異なり、拳銃や防弾衣、催涙弾《さいるいだん》などを備えていた（前掲『警視庁史』昭和前編）。これまで実際に起こった事件のレベルなら、十分に対応できるはずだった。

防護団の発足

満洲事変を契機として、東京の防空態勢の整備が進んだ。日本軍機による上海など中国の都市に対する空襲が、日本の都市にも防空強化を促した。また、中国をめぐる日米関係の緊張は、日米戦争への不安を高めた。こうした世相を反映して流行した日米未来戦記は、将来日米戦争が起これば、米軍機による東京への空襲が行なわれるという点で共通していた（猪瀬直樹『黒船の世紀』）。

防空に対する関心の高まりを利用し、東京警備司令部は東京市と協力し、「東京非常変災要務規約」に基づく防護団の設置、防空演習の実施に向けて動き出す。各区で防護団の組織が進められ、一九三二（昭和七）年九月一日の震災記念日に、代々木《よよぎ》練兵場で「東京市連合防護団」の発団式が挙行された。ここに、日本で最初の本格的な「国民防空」団体が誕生した。

こうして当初関東大震災の教訓から構想された軍官民一体の「非常変災」対策は、防空態勢となって具体化していくのである。当時、地方行政専門誌に掲載された東京における防護団結成を伝える記事は、次のように述べている。

従来防護団の発案が天災の最も恐るべきもの「地震」を契機として起りながらも、この二月〔上海空襲が行なわれたことを指す〕以来は専《もっぱ》ら「敵機襲来」の場合を想像して組み直され、規約の上にも若干の改変が加へられた。この九月一日の演習が主として「防空演習」である理由もこゝにある（野村康之助「帝都を護る東京防護団」）。

戦時の到来により、「非常変災」は空襲に、その対策は防空に収斂《しゅうれん》していくことになったのであった。この時期に、東京市が防護団の結成などの防空問題に本格的に取り組み始めた背景について、戦後に作成された『米国戦略爆撃調査団報告書』は、次のように分析している。

一九三二年に東京府内の約八四の郊外町村が計三五〇万の人口を含む二〇の区に新たに再編され、旧東京市（一五区、人口計二〇〇万）に加えられて、総人口五五〇万となった。すなわち、市の管轄人口は一躍二倍以上となり、著しくその勢力を高めた。この時期に民防空に対する公式の関心が初めて起こったが、それは偶然の一致ではなかった。東京があらゆる点で近代的であり、また民防空が最新の都市の最も近代的な問題であることを誇示することは、新しい市当局の願望だったからである（『東京大空襲・戦災誌』編集委員会編『東京大空襲・戦災誌』五）。

一九三二年一〇月一日、東京市は隣接する五郡（荏原《えばら》郡・豊多摩《とよたま》郡・北豊島郡・南足立郡・南葛飾《かつしか》郡）八二町村を合併し、「大東京市」（市域はほぼ現在の東京二三区）となった。世界的な大都市となった東京市は、世界の他の大都市がそうであるように、空襲に対しても備えを万全にする必要があった。また、東京市当局には、「国民防空」という市民による郷土防衛活動を通じて、新旧市民の団結を促し、合併後の新市の統合を図るねらいもあっただろう。防空演習で掲げられるスローガンは「吾等の帝都は吾等で護れ！」であった。

関東防空演習

翌一九三三（昭和八）年八月九日から一一日にかけて、東京警備司令部の主催により、東京と神奈川・千葉・埼玉・茨城の一府四県を演習区域として関東防空演習が実施された。演習に向けて組織されていった防護団は、東京市で三七〇分団・団員二一万人、横浜・川崎両市では二九分団・団員二万八八〇〇余人に上った。

ここで防空演習において、もっとも重視されていた灯《と》火《うか》管制《かんせい》について述べておこう。ポイントとなるのはその方法である。灯火管制には、変電所で送電をストップする方法（「中央管制」のちに「統一管制」と呼ばれる）と、末端の利用者である各市民が自らの灯火に対して消灯、または外部や上空に光が漏れないような措置を取る方法（「自由管制」のちに「各個管制」と呼ばれる）の二種類があった。

そして、一九三一年七月に行なわれた北九州防空演習の前までは、「中央管制」「統一管制」を主体とする方法が採用されていた。しかし、実戦では、管制下でも必要な灯火はともしつつ、生産活動・経済活動・市民生活をつづけていく必要があった。そこで、北九州防空演習からは、「自由管制」「各個管制」を主体とする方法が採用されるようになった。

だが、その実施は容易ではなかった。広大な地域にある多数の家庭に管制を徹底させるためには、各家庭の自主性に期待するだけでは不十分であり、外部からの監視・励行が必要になった。その役目を担ったのが、防護団のような「国民防空」団体である。

関東防空演習に際しての東京市の場合をみると、灯火管制実施の指導には、主として防護団があたることとされ、防護団は、一般市民に対する知識の普及、管制計画の立案・準

図７　関東防空演習における防護団防火班の消火訓練（東京都公文書館編『都史資料集成12 東京都防衛局の2920日』東京都生活文化局広報広聴部都民の声課，2012年）

備・実施時の指導監督を担当した。このように防護団は、灯火管制の監視・励行を主任務として、警備・防火・防毒・救護・交通整理・警報の伝達など、防空演習で重要な役割を果たした（図7）。以後、東京をモデルとして、全国各地で防空演習の実施と防護団の結成が進められていく。

一九三四年九月一、二日に実施された東京・横浜・川崎の三市による防空演習からは、地域を単位とした通常の防護団のほかに、百貨店・工場・会社・官公衙、その他大人数を擁する建物ごとに特別に私設する「特設防護団」も組織された。

一九三五年六月には、「東京非常変災要務規約」を東京港の「水上防護」に関しても適用することになり、東京市港湾部長を団長とする「東京港水上防護団」が結成され、東京市連合防護団に編入された（土田宏成『近代日本の「国民防空」体制』）。

桐生悠々、関東防空演習を「嗤ふ」

一九三三（昭和八）年の関東防空演習のあり方を批判した言論人が長野にいた。『信濃毎日新聞』主筆の桐生悠々《きりゆうゆうゆう》である。長野県は関東防空演習の演習区域ではなかったが、演習の様子は新聞社に電話や写真で伝えられ、ラジオでも全国放送されていた。悠々が八月一一日付『信濃毎日新聞』に「関東防空大演習を嗤《わら》ふ」と題する社説を書き、同演習の非現実性を批判して、陸軍の怒りを買い、退社に追い込まれたことは、戦時下の言論弾圧事件としてよく知られている。

悠々の主張をまとめると、次のようになる（全文はインターネット上の「青空文庫」でも読める）。

将来もし敵機を帝都の空で迎え撃つようなことになったら、すべての敵機を撃ち落とすことはできず、そのうちの二、三のものは帝都の上空に飛来し、爆弾を投下するだろう。それは木造家屋の多い東京市を一挙に焼土としてしまうだろう。いかに冷静沈着さを求めても、訓練を積んでいても、恐怖のあまり市民は逃げ惑い、投下された爆弾が火災を起こす以外に、各所で失火し、そこに阿鼻叫喚《あびきょうかん》の一大修羅場《しゅらじょう》を演じ、関東大震災当時と同様の惨状を呈するだろうとも想像される。だから、敵機を関東の空に、帝都の空に迎え撃つということは、我軍の敗北そのものである。この危険以前において、我機は途中で敵機を迎え撃って、これを射ち落すか、撃退しなければならない。敵機を我が領土に入れないという作戦計画の下に行なわれる防空演習でなければ、実戦には何の役にも立たないだろう。

それが夜襲であるならば、消灯して備えるようなことは、かえって人びとを狼狽《ろうばい》させるだけだ。科学の進歩により、飛行機の速度、風向、風速を計算し、予定地点に爆弾を投下することは可能であり、赤外線を利用すれば、いかに暗いところに隠れていようとも場所を知られてしまう。こうした観点からも、市街の消灯は完全に一つの滑稽《こっけい》である。

要するに航空戦は、ヨーロッパ戦争〔第一次世界大戦〕において、ドイツ軍のツェッペリン飛行船によるロンドン空撃〔空襲のこと〕が示したように、空撃したものの勝ちであり、空撃されたものの負けである。だから、この空撃に先だって、これを撃退すること、これが防空戦の第一義でなくてはならない。

純軍事的な観点からすれば、確かに関東防空演習の設定は非現実的であった。このころの防空演習では、陸軍は軍部外への宣伝効果を重視し、実戦の場合とは異なる設定をしていたからである。飛行機や高射砲による迎撃は、本来、防衛すべき都市の中心から離れた場所で行なわれるが、それでは多くの市民に戦闘の様子をみせられない。都市の上空で戦闘を行なうことで、防空や航空兵器の重要性を社会に広く認識させることができるのだ。

こうした宣伝のために実戦離れした演習を行なうことに対しては、陸軍部内でも議論があった（土田宏成『近代日本の「国民防空」体制』）。だから、〝敵機を帝都の上空で迎え撃つのは敗北そのものだ、その途中で迎撃せよ、関東防空演習は実戦には役立たない〟という悠々の論旨は全くそのとおりであり、陸軍自身も問題だと認識していた点を突いた見事な批判であった。自分の主張の正しさによほどの自信がなければ、「嗤ふ」という挑発的なタイトルは付けられまい。

陸軍側は、悠々に「嗤われた」ことに激怒したが、その論旨を否定することはできなかった。そこで関東防空演習の関係者に出された、昭和天皇の「御沙汰」を持ち出し、天皇がその意義重大とした演習を「嗤ふ」とは何ごとかとして、批判そのものを許さないとしたのである。そして地元在郷軍人《ざいごうぐんじん》の団体が不買運動の決意を示し、信濃毎日新聞社に圧力をかけ、悠々を退社に追い込んだのであった。

陸軍は、この問題を利用して、以前から反軍的な言論活動を展開してきた悠々を辞職に追い込むとともに、防空演習に対する批判を封じた。しかし、私たちは、悠々の主張にみられる日本の防空に関わる論点・弱点をきちんと検討してみよう。

灯火管制無効論・有害論については、第二次世界大戦後のことまで見通したものとすればあたっている。ただし、第二次世界大戦時の計器飛行やレーダー、赤外線暗視の技術レベルでは、あるいは現代にあっても、一般的に目視の方が容易かつ正確に攻撃目標や自分の位置を把握できる。夜間に灯火をそのままにしていたら、攻撃を受けるリスクは高まる（大井昌靖『民防空政策における国民保護』）。灯火管制は、実施しないより実施した方がよく、現に日本以外の国でも実施されていた。

少数の敵機による爆弾投下でも、木造家屋が多い東京市は一挙に焼土となり、関東大震災と同様の惨状を呈するという、一二年後の東京大空襲を予見したと評価される指摘も、厳密にいえば、第二次大戦時であっても、少数機の空襲では被害はそこまで拡大していない。けれども、悠々がこの社説を書いた時点では、正しい指摘であった。同時多発火災の惹起を目的とする焼夷弾《しょういだん》攻撃への対策が、当時はまだ確立されていなかったからである。

焼夷弾への対処法の考案と動員の強化

一九三四（昭和九）年の三市連合防空演習の前後に、陸軍科学研究所から焼夷弾への新しい対処法が発表された。木造家屋が密集する日本の都市にとって、もっとも危険なのは焼夷弾による攻撃であった。にもかかわらず、これまで、焼夷弾は水をかけるとかえって火勢が強まるので、ただ乾燥砂をかけることによって燃焼を抑制する程度のことしかできず、有効な消火法はないとされてきた。

だが、陸軍科学研究所は着眼を一転し、焼夷弾そのものがいくら燃焼しても、ほかに延焼することがなければ被害は大きくならないと考えた。そして、焼夷弾には構わず、その附近の可燃物に注水し延焼を防止する実験を行ない、それが焼夷弾に対するもっとも効果的な対処法であることが実証できたとした。さらに陸軍科学研究所は次のような趣旨を述べている。

焼夷弾による攻撃は小型で無数の焼夷弾を、その都市が持つ消防能力以上に分散的に投下することを要諦とする。そして、木造家屋が密集する日本の都市の場合、たとえ一弾が延焼しただけでも恐るべき結果を招くことになる。したがって、投下された焼夷弾を一弾といえども見逃すことなく速やかに発見し、延焼防止に努めなければならない。そのためには市民の訓練を為し、各家庭では自分の家はその家族で守るという思想と決心をもって、自ら消防の処置を講ずることが緊要だ。必要な人員はいたずらに避難所に避難することなく、延焼防止の時機を失しないようにしなければならない。

焼夷弾による攻撃に対して、市民が逃げることなく、なるべく早く焼夷弾を発見し、延焼を防ぐという対処法は、こうして考案されたのである。

陸軍科学研究所による焼夷弾に対する防火実験は、三市連合防空演習を挟んだ一九三四年八月一一日・一六日、九月六日の三回にわたって実施された。このうち八月一六日の東京の戸《と》山原《やまがはら》で行なわれた実験は、各市、区の防護団・防護分団の幹部と防火班、消防・警察関係者などに公開された。また防空演習時にも、葛飾・世田谷・深川《ふかがわ》各区では、それぞれ一個か二個の焼夷弾（一キログラム）を実際に使用して、陸軍科学研究所員指導の下で、数戸協同して防火する「所謂《いわゆる》家庭消防」の研究が行なわれている。

以後、それまで灯火管制が主であった防空演習に、新たな重点項目として、市民による焼夷弾に対する消防訓練も加えられるようになる。それまで防空演習の際、各家庭で行なうべきことといえば、基本的に灯火管制だけであり、その他の活動は防護団まかせにしていればよかった。しかし、これを契機に、一般市民の動員が本格化することになった。全国民を防空へと動員していく、文字どおりの意味における「国民防空」への扉が開かれていく（土田宏成『近代日本の「国民防空」体制』）。

二・二六事件と日中戦争

二・二六事件の発生

一九三五（昭和一〇）年五月二九日、「防衛司令部令」（軍令陸第八号）が公布され、防空計画官衙《かんが》（役所）として東京に東部防衛司令部、大阪に中部防衛司令部、小倉《こくら》に西部防衛司令部が設置されることになった。陸軍の中に、地域の防空を専門に扱う機関がつくられたのである。このころアメリカの航空母艦からの艦載機による空襲に加え、ソビエト社会主義共和国連邦（ソ連）が沿海州に配備した大型爆撃機による空襲が脅威となり始めた。満洲事変後、ソ連は極東の軍備を急激に増強しつつあった。

防衛司令部のうち、まず東部防衛司令部が同年八月一日に設置された（中部と西部防衛司令部の設置は一九三七年）。ただし、その任務は、東京警備司令部のそれと重複するところが多かったため、東部防衛司令官が東京警備司令官の兼職であるのをはじめとして、参謀長以下のスタッフも、大半が東京警備司令部との兼職であった（防衛庁防衛研修所戦史室『戦史叢書　本土防空作戦』）。

東部防衛司令部が設置される前月の七月六、七日には、前年と同様、東京・横浜・川崎の三市連合防空演習が実施されている。空襲への対策が進む一方で、テロやクーデターによる国家改造をめざす動きもつづいていた。そこに陸軍部内の派閥対立が加わり、流血の事件が起こる。

八月一二日、皇道派《こうどうは》の陸軍歩兵中佐相沢三郎《あいざわさぶろう》が、対立する統制派のリーダーと目されていた陸軍省軍務局長永田鉄山《てつざん》を、陸軍省内で軍刀で殺害した。相沢の行動は、皇道派の青年将校を強く刺激し、直接行動へと駆り立てた。一二月、多くの皇道派青年将校が在職する第一師団の満洲派遣が決まると、彼らは東京を離れる前に決起することにした。一九三六年二月二六日早朝、皇道派青年将校らは、約一四〇〇人の兵を率いてクーデターを起こす。二・二六事件である。

警察も彼らの動きを警戒していた。一月下旬から二月中旬にかけて、警視庁や首相官邸を中心とする地域で、青年将校らに率いられた部隊が、夜間演習を頻繁に行ない始めた。警視庁は東京警備司令部に取締りを申し入れた。警視庁の部長会議では、特別警備隊に機関銃を持たせることも話題に上った（前掲『警視庁史』昭和前編）。

軍隊を直接取締るのは、憲兵の役目である。ところが、青年将校の上官である連隊長らは皇道派で、憲兵の捜査に非協力的であった。憲兵も部隊との関係悪化は避けたかったから、張り込みや尾行も徹底しなかった（大谷敬二郎『昭和憲兵史』）。

警察や憲兵は、青年将校らの不穏な動きを察知していたものの、決起を未然に防ぐことはできなかった。彼らに率いられた部隊は、彼らがめざす国家改造の邪魔者とみなした政府や宮中・軍部の要人を襲撃し、殺害した。

襲撃　内閣総理大臣官邸は、首相の岡田啓介《けいすけ》殺害を任務とする約三〇〇人の部隊に襲われた。警備にあたっていた四人の警察官は殉職し、岡田の義弟で、首相秘書官事務嘱託の松尾伝蔵《でんぞう》も殺害された。青年将校らは、松尾を岡田と人違いし、首相殺害に成功したと思い込んだ。官邸内に身を隠し、難を逃れた首相の岡田は、憲兵によって生存を確認され、翌二七日に決起部隊に占拠された官邸から憲兵と秘書官らによって救出された。
また、大蔵大臣の高橋是清《これきよ》、内大臣で前首相の斎藤実《まこと》、陸軍教育総監の渡辺錠《じょう》太郎《たろう》はそれぞれ私邸で襲撃され、殺害された。侍従《じじゅうちょう》長の鈴木貫太郎《かんたろう》は侍従長官邸で襲撃され、重傷を負った。前内大臣の牧野伸顕《のぶあき》は、滞在先の神奈川県湯河原《ゆがわら》の貸別荘で襲撃され、放火や銃撃をされたが、警視庁の護衛警察官（殉職）や付き添い看護婦（負傷）の命がけの行動によって、救出された。

決起部隊は、首相官邸・陸相官邸・陸軍省・参謀本部など、桜田門《さくらだもん》―虎ノ門《とらのもん》―赤坂見附《あかさかみつけ》―三宅坂《みやけざか》を結ぶ永田町一帯を占拠した。帝都の中枢を押さえたのである。

警視庁も、約四〇〇人の部隊に襲われ、周囲に機関銃を据えられ、制圧されてしまった。異変を知って登庁した特別警備隊長の岡崎英城《えいじょう》は、歩哨《ほしょう》（警戒に当たる兵士）の阻止を突破して庁内に入り、青年将校らに退去を求めたが拒否された。庁舎を奪われた警視庁は、神田錦町《かんだにしきちょう》警察署に本部を置いた。警視庁では、決死隊を募って庁舎を奪還すべきだという声も上がったが、機関銃で武装した軍隊に太刀打ちできないことは明らかであり、鎮圧は軍隊にまかせ、警視庁は一般の治安維持にあたることになった（前掲『警視庁史』昭和前編）。

決起部隊の一部は宮城《きゅうじょう》（皇居）の坂下門《さかしたもん》も確保しようとしたが、失敗している（筒井清忠『二・二六事件と青年将校』）。青年将校らは、新聞社・通信社に行き、決起趣意書を配った（北博昭『二・二六事件全検証』）。一方で、日本放送協会東京中央放送局（ラジオ）には行っていない。二八日夕方になって、決起部隊が放送局攻撃を口にしているとの情報が入り、警備が固められたが、結局、決起部隊は来なかった。

後述するように、事件鎮圧にあたって、ラジオは威力を発揮する（日本放送協会編『二〇世紀放送史』上）。

事件発生を知った昭和天皇は、すみやかな鎮圧を望んだ。しかし、陸軍は事件の衝撃と皇道派軍人らの工作により、説得による解決を模索した。

戦時警備から戒厳令の適用へ

二六日の午後三時に、東京警備司令官の香椎浩平《かしいこうへい》は、第一師管戦時警備を下令し、近衛《このえ》師団と第一師団に対して「昭和十年度第一師管戦時警備計画書」に基づき、所要の方面を警備し、治安維持にあたるよう命じた。憲兵に対しては、両師団の行動に協力することなどを命じた。第一師団長の下には「本朝来行動シアル軍隊」、つまり決起部隊も組み入れられた（東京湾要塞司令部「二、二六事件戦時警備日誌」茶園義男編『東京湾要塞司令部極秘史料』第二巻）。

そのねらいは、決起部隊を戦時警備のための指揮命令系統に組み込むことで、彼らを命令によって穏やかに原隊に復帰させることや（北博昭『二・二六事件全検証』）、彼らが占拠している地区に、平和裏に警備担任官とその部隊を展開させ、決起部隊を分断し事件を処理することにあった（香椎研一編『香椎戒厳司令官　秘録二・二六事件』）。しかし、思惑どおりにはいかなかった。

戦時警備とは、「戦時又ハ事変ニ際シ治安ヲ維持シ軍事行動並重要施設資源ヲ安全ナラシムル為」の警備のことで、各師管ごとに計画することになっており、東京を含む第一師管は、東京警備司令官が担任となっていた（「昭和四年度戦時警備計画要領、同細則の件」JACAR：C01002546500、昭和三年「軍事機密大日記」四／七〈防衛省防衛研究所〉）。昭和初期ごろの研究に始まるもので、陸軍が戦時に国内で行なう兵力による警備である（山崎正男「陸軍軍制史梗概」森松俊夫監修・松本一郎編『「陸軍成規類聚」研究資料　全』）。

事態の推移によっては、軍隊の力による治安維持が必要となるため、二七日午前二時五〇分に、日比谷焼打ち事件と関東大震災のときと同様に、戒厳令の一部規定を東京市に適用する勅令が公布された（勅令第一八号〈緊急勅令〉、勅令第一九号）。そのための戒厳司令部も設置され（勅令第二〇号）、香椎浩平が戒厳司令官に就いた（北博昭『戒厳』『二・二六事件全検証』）。

二八日朝、戒厳司令官に対して、決起部隊を原隊に戻すことを命じる奉勅《ほうちょく》命令（軍の最高司令官である天皇が裁可した命令）が下された。しかし、それはすぐには実施されず、なお説得による解決が試みられた。しかし、いつまでも時間はかけられなかった。

戒厳司令部は攻撃開始を二九日午前九時と決め、同午前零時にその旨を下達した（北博昭『二・二六事件全検証』）。憲兵と警察官には、戦闘の影響を受ける区域の非戦闘員を、午前五時三〇分から避難させることにした（前掲「二、二六事件戦時警備日誌」）。

鎮圧側の兵力は、近衛師団と第一師団隷下《れいか》の在京部隊、歩兵第四九連隊（甲府《こうふ》）・歩兵第五七連隊（佐倉《さくら》）・戦車第二連隊（習志野《ならしの》）、第一四師団（宇都宮）隷下の部隊、海軍の陸戦隊、そして東京湾にあって市街に砲門を向ける第一艦隊などであった（北博昭『二・二六事件全検証』、筒井清忠『二・二六事件と青年将校』、高橋正衛『二・二六事件』）。戒厳司令部は、陸軍習志野学校に命じて化学兵器の使用も検討させ、「あか筒」（くしゃみ剤）、「みどり筒」（催涙剤）を準備させていた（前掲『香椎戒厳司令官 秘録二・二六事件』）。

鎮圧へ

攻撃開始時刻の一時間ほど前の二月二九日八時ごろから三機の飛行機が威《い》嚇《かく》飛行を行ない、兵に対して帰順を促すビラを撒いた。「勅命下る軍紀に手向《てむか》ふな」と掲げられたアドバルーンも上がった。八時五〇分ごろから「兵に告ぐ」のラジオ放送が行なわれた。ラジオは市民に対する注意事項も伝えている。日本放送協会は、戒厳司令部の命を受け、ラジオ放送だけでなく装甲車に搭載した大型拡声器を通じ、直接兵士に対して帰順を呼びかけてもいる。鎮圧の先頭を行く戦車には、帰順を促す文章が貼り付けられていた。

圧倒的兵力差を示すことによる威嚇（図8）と、勅命を掲げた強力な宣伝に接し、決起部隊は動揺した。午後二時前後までに下士官・兵は、全員原隊に戻った。青年将校らも拘

図８　２・26事件時における鎮圧軍の戦車（『毎日新聞』2016年２月11日）

束され、武器を使用することなく、事件は鎮圧された（北博昭『二・二六事件全検証』、高橋正衛『二・二六事件』、前掲『二〇世紀放送史』上）。

しかし、東京市に戒厳令が適用され、大規模な兵力が展開しただけでなく、都心部で化学兵器も用いた市街戦が行なわれる可能性すらあったのである。このとき戒厳司令部からの出動要求をうけた防護団も、住民の避難誘導などに協力している（「昭和十一年二月二十六日陸軍事件における東京市連合防護団の行動記録」東京都公文書館編『都史資料集成　第一二巻　東京都防衛局の二九二〇日』）。

二・二六事件時に東京市長・東京市連合防護団長であった牛塚《うしづか》虎《とら》太郎《たろう》は、のちに防護団の活動を次のように評価している。

その時、或る区の区民を避難させました処が、それが非常に秩序よく整然と行はれました。それといふのも、指揮する人も指揮される人も、ふだん防護団の防空演習を真剣にやつてゐたからで、その時も事なきを得て、防護団の存在を心強く頼もしく感じた次第であります（「防護団生ひ立ちの十年間を語る―座談会―」『市政週報』第一八三号、一九四二年一〇月二四日）。

防空演習の成果が、思わぬ形で現れたのである。二・二六事件における防護団の実地の活躍で、防空演習や防護団の有用性が再確認されたのだった。

昭和一一年度の三市連合防空演習

一九三六（昭和一一）年七月一八日、二・二六事件以来、東京市に適用されてきた戒厳令が解除された。同年度の三市連合防空演習は、その直後の七月二〇日から二四日に実施されている。

七月一七日に東京市連合防護団が発表した演習計画の要項によれば、その目的は次のようなものであった。

本年度の防空演習は、時局極めて重大なるに鑑《かんが》みて実施するもので、特に一般市民に防空防護の急務なる所以《ゆえん》を十分理解認識せしめると共に市民訓練の向上進歩を図り、実際に即する様、最真剣に行ひ、有事に際しては万《ばん》遺憾なきを期すること。

今回の演習は、従来と次のような点で異なっていた。まず主催者については、過去二回の三市連合防空演習では、各市の連合防護団が主催し、それを軍隊・各官公衙が後援するという形がとられてきた。ところが今回は、原則として軍隊・各官公衙は、全部共同主催者として参加することになっており、国を挙げてとり組む姿勢が示された。

訓練の対象についても「従来は防護団員の訓練を主としたが、今回は市民の訓練を主としたもの」とされ、防空演習は一般市民の訓練の場と位置づけられるようになった。

そのため演習の重点は、次のようなことに置かれた。

・一般市民のやや長期にわたる灯火管制、特に灯火管制下における就業訓練（無駄に消灯を行なったり、業務を休止するようなことをしない）。

・防護団の訓練にさらにみがきをかけるとともに、一般市民の訓練、市民と防護団員との連絡・協同動作の訓練も行なうこと。

・市民の訓練は、敵機の焼夷弾攻撃に対する個々の家庭防火、防護団との協同動作、常設消防機関との連係、個人と家庭における防毒訓練、広域災害時の避難にともなう交通整理・避難指導などである。

演習の実施に際しては、全般の指導は東部防衛司令官（東京警備司令官の兼職）が行ない、各市の演習の指導は各連合防護団長（市長）が行なう点は従来と同じであったが、①

演習実施の予定地や時刻などは事前に指示しない、②演習開始後の状況も秘密として発表しない、などの点が違っていた（『東京市公報』一九三六年七月二一日）。より実戦に近い演習がめざされたのである。

演習終了後、東京市連合防護団は、その全般の成績について次のような趣旨を述べている。

〝昨年より格段の進歩向上があった。特に市民の訓練は本年初めての試みだったにもかかわらず、最も良好な成績を収め、「帝都防衛に関し略々《ほぼ》確信を得るに至」った。しかし、欧州列強の現況と比較する時はなお少なからず径庭がある。今後、その編成、組織、訓練等に関しても根本的検討を試み、防衛の完璧を期す必要がある。〟

重点項目については次のようであった。

●灯火管制について

〝やや長期にわたったにもかかわらず不平不満の声を聞かず、進んでその規定を遵守していた。しかし、管制の仕方は十分とはいえない〟

●焼夷弾に対する初期消火について

〝はじめての試みとしては成績は可だが、なおこの気運を助長して徹底をはかるとともに訓練の向上を期する必要がある〟

●個人および家庭の防毒について

〝その着意はおおむね一般に普及しているが、今後大いに研究努力の必要がある〟

（『東京市公報』一九三六年七月二八日）

この演習から一般市民の訓練が本格的に始まり、その結果から市民の組織化と訓練を強化する必要性が明らかになった。そして、そのための制度やしくみ、それらに根拠を与える法令などが整備されていく。

「家庭防火群」の成立

これまでみてきたように、防空政策を推進してきたのは、陸軍と東京市であった。だが、焼夷弾による同時多発火災に対する各家庭での防火という課題が浮上すると、消防の専門的な知識と技術が必要になってきた。

一九三六（昭和一一）年六月、日本橋消防署長の栗原久作によって、江戸時代の五人組制度を参考にした家庭消防組織の設立が提唱されている。栗原は〝火災を大きくしないためには、早く発見し、早く処理することが大事である〟という基本から出発し、〝焼夷弾攻撃に対しては、「家庭消防」以外に解決法はない〟とする。〝落ちた焼夷弾を迅速に発見して「向三軒両隣《むこうさんげんりょうどなり》」が力を合わせ、消火にあたる。この迅速機敏なる行動がなくては、各方面に同時に起こる続発火災に対してなすべき方法はない。そして、この迅速機敏なる行動を可能にするものこそ、市民各自によって組織される「向三軒両隣主義の五人組制度の細胞的活動の総体」だ〟（栗原久作「焼夷弾火災と五人組制度に就て」）。

警視庁消防部が進める、焼夷弾による同時多発火災に対し、各家庭を相互に協力させて初期消火にあたらせるという構想は、その後、消防部内でさらに議論が深められ、草案がつくられた。つづいて、東部防衛司令部・東京市連合防護団・警視庁警務部警衛課・東京市関係課・町会代表など、部外機関との協議が行なわれた。そして、一九三七年五月六日に東京市連合防護団が、各区庶務課長・防護分団長・町会代表者らを集めた会合において、東部防衛司令部・警視庁・東京市・東京市連合防護団連名の「家庭防火群組織要綱」として決定をみた（土田宏成『近代日本の「国民防空」体制』）。

「家庭防火群組織要綱」では、〝わが国のような木造建築の都市では、防空の主眼は「防火第一主義」にあるといっても過言ではない。中でも焼夷弾に対しては、その性質上、落下後数十秒以内に防火処置をとらなくては、同時に多数の火災が続発し、はかり知れない災害となる。そういう場合、現有の消防力では防止できない。そこで、「応急対策」として、個々の家庭における防火の徹底を図るとともに、さらに進んで近隣で寄り集まって有機的防火「ブロック」を形成し、協力して防火にあたる組織が緊要である〟とされていた。

具体的には、五戸ないし二〇戸をもってブロックを構成して「防火群」とし、さらに町会内のそれら「防火群」をもって「町家庭防火団」を組織する。町会の戸数が多く統制、連絡上必要ある時は、「町家庭防火団」と「防火群」の間に「部」を設ける。そして「町家庭防火団」の統制には、防護分団があたることとされた。

これで家庭防火群はすでに存在している防護団の下に組み込まれ、東京市連合防護団―各区防護団―防護分団―町家庭防火団―(部)―防火群―各家庭という系統で、市全体の統制が行なわれることになった。こうして一般市民をも組み込んだ「国民防空」システムができたのである。

同要綱によれば、「家庭」では〝常時家庭にある者のうち一人を「防火担任者」と定め、かつ家族数に応じ、その他の通報、防火などの任務分担を定めておくもの〟とされた。そして、〝空襲警報の発令があったときは、各戸の防火担任者はただちに戸外に出て、敵機の投下する焼夷弾・爆弾などの落下を監視するもの〟とされた(前掲『都史資料集成　第一二巻　東京都防衛局の二九二〇日』)。

東京市における家庭防火群の組織は、八月上旬までにすべて完了し、防護団の外に新たに一一五万余の「防火担任者」が定められた(阿部源蔵「家庭防火群組織を完了して」)。

防空法の成立と日中戦争の勃発

同じころ、防空のための法律も制定された。一九三七(昭和一二)年三月の第七〇回帝国議会で防空法案が可決され、四月に公布された(法律第四七号)。

陸軍の主導による防空法制定の動きは、関東防空演習が実施された直後の一九三三年秋からあった。しかし、内務省は、法案中に内務省の担任する警察行政・地方行政を侵す事項があるとして抵抗した。国土の戦場化に対応する業務である「国民防空」を主管するのは陸軍か、内務省かという縄張り争いがつづいた。最終的に陸軍が内務省に譲歩、「国民防空」を内務省の主管とすることで妥協が成立、ようやく防空法案が完成し、帝国議会に提出されたのだった。

こうした事情から、防空法は、空襲による危害を防止し被害を軽減するため、陸海軍の行なう防衛に則応して陸海軍以外の者が行なう防空、つまり「国民防空」のみを定めた法律となった。具体的な防空活動としては、灯火管制・消防・防毒・避難・監視・通信・警報が挙げられ、地方長官・市町村長・大規模事業者などが防空計画を設定し、計画に基づき防空の実施、設備・資材の整備、訓練を行なうこととされた。防空に関する国民の義務も定められたが、広く国民一般に関わるのは灯火管制を実施する場合における光の秘匿だけであった。その後の改正により、防空法は強化され、防空活動は増え、国民の義務や負担も重くなっていくが、制定時においては限定的な内容であった。しかし、これで防空は法的根拠を得た。防空法は施行までにおよそ一年の準備期間を予定していたが、一九三七年七月に日中戦争が始まったために、一〇月一日に繰り上げ施行となった（土田宏成『近代日本の「国民防空」体制』)。

その二〇日ほど前の九月一〇日、東京市は、防空と一般非常災害対策を担当する防衛課を新設した(『東京市公報』一九三七年九月一四日)。九月一五日から一九日には、一府四県にわたる関東防空演習が実施された。演習は東部防衛司令部が直接行ない、各府県や各都市の防護団が参加した(同前九月一八日)。家庭防火群が組織されてから、最初の防空演習でもあり、東京市長編集・発行の冊子「帝都防空に関する市民心得」では、〝これまでの四回の防空演習は主に防護団員の訓練であったが、市民の訓練としては、いわば本年がはじめてである〟と述べられている(前掲『都史資料集成 第一二巻 東京都防衛局の二九二〇日』)。前年にも同様の文言があったが、訓練の主たる対象がいよいよ一般市民になってきたことがわかる。各区では、防護団や家庭防火群による防火・防毒・避難・灯火管制などの訓練が行なわれた(『東京市公報』一九三七年九月二一日)。

一一月一六日から二三日には、関東及東北地方防空訓練が実施されている。防空法が施行されたことで、同法に基づいて「防空演習」は「防空訓練」と呼称されるようになった。さらに、「軍防空」と「国民防空」が明確に区分され、内務大臣が国民防空の統監となり、国民防空訓練全体を統制し、東部防衛司令官などの陸海軍の司令官が軍防空の統監となり、軍防空と国民防空訓練の指導にあたっている(同前一一月九日)。以後、日米開戦まで年に三回ずつ防空訓練が実施されている（東京市防衛局「帝都防衛十年誌」前掲『都史資料集成第一二巻　東京都防衛局の二九二〇日』）。

一二月一日には「防衛司令部令」が改正され、防空計画官衙だった防衛司令部が所管地域の防衛にあたる軍隊となった。東部防衛司令部の権限拡大により、東京警備司令部は廃止された（前掲『戦史叢書　本土防空作戦』）。「防空」が拡大し、「警備」が吸収された形になった。

警防団と隣組防空群の設置

防空法で「国民防空」を自らの主管とした内務省は、「国民防空」を担う組織の再編成を進めていった。市町村が陸軍の指導を受けながら整備してきた防護団と、警察の管下で消防を担当してきた消防組との統合である。職務が重なる二つの団体は競合関係にあり、現場で混乱を招いていた。陸軍の影響下にある防護団が、警察官の指導に服さないこともあった。そこで内務省は防護団を解体し、警察の管下に新たな団体をつくろうとする。

この構想に対して、東京市など大規模な防護団を有する六大都市は反対した。しかし結局、一九三九（昭和一四）年一月二五日に「警防団令」（勅令二〇号）が公布され（一部条項を除いて四月一日施行）、消防組と防護団を統合し、警察の管下に「警防団」を設置することになった。警防団の業務は、二つの団体の業務を合わせた「防空、水火消防其ノ他ノ警防」と定められた。

東京市部では、消防組員七五六三人、防護団員二四万人が、定員一六万三八〇〇人の警防団に再編されることになった。警防団内で消防を担当する消防部員は、五万一〇九八人であり（土田宏成『近代日本の「国民防空」体制』）、その中核となったのが旧消防組員であったとしても、その人数からみて旧消防組の消防活動に占める地位は低下した。鳶《とび》という特定の職業集団が地域の消防を担ってきた江戸町火消以来の伝統は、変更を迫られた（山本唯人「防空消防の展開と民間消防組織の統合過程」、鈴木淳『町火消たちの近代』）。

さらに内務省は、「国民防空」の最末端組織の整備・再編にも着手する。同年八月二四日、内務省計画局長・警保局長から各庁府県長官に宛てた内務省発画第一〇八号「家庭防空隣保組織ニ関スル件」によって「家庭防空隣保組織要綱」が示された。一定の基準に基づいて、全国的に「国民防空」の最末端組織を整備することが命じられたのである。ただし、警防団とは異なり、家庭防空隣保組織に関する業務は、主に市町村の担任とされた。市町村は、府県・警察とも協調しながら、家庭防空隣保組織の整備に努めることになる。

東京では、警視庁と東京市との間で協議が持たれ、従来の「家庭防火群」を、「隣組防空群」へと改組することになり（「防火群を『隣組防空群』に改組」『市政週報』第二六号、一九三九年九月三〇日）、一〇月五日に「東京市家庭防空要務規程」が制定された。防空群は隣組と同一とし、一〇戸内外をもって組織するものとし、その育成は主として市長が担任するものとされた（前掲『都史資料集成　第一二巻　東京都防衛局の二九二〇日』）。こうして「国民防空」の最末端を担う住民組織（家庭防火群）は、さらに広範な戦時業務を担う地域住民組織（隣組）と一体化し、発展的解消を遂げた。

こうしてできた警防団と隣組防空群が、実際の空襲に立ち向かうことになる。

軍司令部の設置と飛行場の整備状況

一九四〇（昭和一五）年八月、国土防衛、特に防空の強化を目的として、「防衛司令部」よりも、さらに権限を強めた「軍司令部」が設置された。東京には東部軍司令部が設置され、関東・東北・北陸を範囲とする東部軍管区を管轄することになった。ただし、こうして防空のための司令部機能は強化されたものの、その下で実際に戦う部隊の整備は遅れていた。日本軍は防御よりも攻撃に重きを置き、敵の航空戦力を国外で撃破するつもりだったからである。

一九四〇年一〇月一日から五日にかけて東部軍管区において、東久邇宮稔彦王《ひがしくにのみやなるひこおう》（陸軍大将）を演習統監とする「軍防空」の特別防空演習と、それに則応する「国民防空」の昭和一五年度第三次防空訓練が実施された。軍の防空部隊は、動員計画に定められたとおりに編成され、この演習は従来よりも大規模で、内容もより実戦的であった。演習を企画した陸軍中央部の防衛担当課は、これにより日本の防空の欠陥を明らかにし、その準備の重要性を訴えようとしていた（前掲『戦史叢書　本土防空作戦』）。

訓練の経過を伝える東京市の公報誌『市政週報』の記事では、攻撃してきた敵機は、精鋭なる防空部隊（飛行隊と高射砲隊）のために大損害を受けたが、「わが帝都も甚大なる損害を被つて、復旧には相当の長時日を要する見込みである」とされていた。たとえば、〝麹町《こうじまち》附近の官庁と市街地各所に落下した爆弾は相当の被害を生じたり、敵の無差別爆撃の下に木造都市は遺憾なくその欠点を暴露して、各所に大火災を生じたり、中央官庁と繁華街に相当数の爆弾が落下したり、最終日には大型爆撃機や新鋭飛行艇の編隊が全市を猛爆し、数日来の被害を更に倍加した〟とされている（『市政週報』第八〇号、一九四〇年一〇月一九日）。

演習の結果、軍民いずれの防空も不十分であることが判明し、「国民防空」を中心とする課題については、一九四一年一月一〇日、第二次近衛文麿内閣は、内務・陸軍・海軍三大臣の請議による「国土防空強化ニ関スル件」を閣議決定した（黒田康弘『帝国日本の防空対策』）。その中では防空緊急施策案として、国土全般にわたる防空の組織や制度を強化整備すること、そして、京浜・阪神・中京・北九州付近における都市、外地重要都市、軍港都市に対して、次のような防空的強化を行なうことが挙げられていた。それは、①都市の過大化防止、②防空上必要な緑地・広場・大道路の設置、③都市における重要施設の合

図９　関東地方の飛行場（「試製基地用図第三〈関東地方〉」防衛省防衛研究所戦史研究センター所蔵）

理的配置ならびに都心よりの離散、④重要国家機関の待避および一般避難に関する対策、⑤重要地域における建築物および重要施設の強化、⑥工場地帯の整理分置、⑦空襲下における国民生活ならびに戦争遂行上必要なる物資の確保および配給対策などであった（「国

土防空強化ニ関スル権ヲ定ム」、JACAR：A02030324700、「公文類聚」第六五編・昭和一六年・第一〇八巻・軍事二・防空・戒厳徴発・国家総動員一〈国立公文書館〉）。

五月には、東京市の防衛課が、防衛局に格上げされた（前掲『都史資料集成　第一二巻　東京都防衛局の二九二〇日』）。

「軍防空」の拠点となる飛行場の整備状況はどうだったか。鈴木芳行の研究によれば、敗戦までに設置された関東地方の軍用飛行場は七五場（うち陸軍四九場、海軍二六場）である（図9）。開場時期は、満洲事変が勃発した一九三一年までが八、その後日中戦争が勃発した一九三七年までが一二、日米開戦の年である一九四一年までが三一、敗戦の年である一九四五年までが二四となっている。それらは東京の都心を中心点とする半径約三〇キロと約五〇キロの地帯に配置され、帝都の周囲を固めた。東京湾口部の西側の横須賀《よこすか》・横浜と東側の木更津《きさらづ》・館山《たてやま》には、海軍の飛行場が置かれ、東京湾の入口を押さえた（鈴木芳行『首都防空網と〈空都〉多摩』）。

日米戦争

日米開戦

対ソ戦から対米戦準備へ

一九四一（昭和一六）年六月にドイツとソ連が開戦すると、日本陸軍は対ソ戦準備のため、七月に「関東軍特種演習」（関特演）と称し、満洲に大兵力を集中することにした。その際、ソ連軍による日本本土空襲も予想されたことから、防空に関して全体の指揮を執る防衛総司令部が新設され、七月一二日に編成を完結した。防衛総司令官は、山田乙三《おとぞう》教育総監・軍事参議官が兼任した。高射砲隊や照空隊などの地上防空部隊、防空専任の航空部隊も編成された。東部軍司令官の指揮下には、三個高射砲連隊などの地上防空部隊、第一七飛行団（調布《ちょうふ》と柏《かしわ》・松戸《まつど》）が配属された。しかし、これら部隊は防空の教育や訓練を受けていなかったから、すぐに戦える状態にはなかった。

七月下旬、日本は南部仏印（フランス領インドシナ南部＝現在のベトナム南部とカンボジア）への日本軍の進駐を決定・実施するが、南進を強める日本に対して、アメリカは在米日本資産の凍結、対日石油禁輸で応じた。その結果、対ソではなく対米戦争の危険性が急速に高まった。八月半ば、地上防空隊である京浜要地防空隊が、東京の東・北・西、川崎、横浜の各地区に展開した（前掲『戦史叢書 本土防空作戦』）。

東京市民への防空宣伝も強化された。『市政週報』第一二一号（一九四一年八月九日）の巻頭グラビアには「護れ大空！」のタイトルで、日本軍機の空爆を受ける中国蔣介石《しょうかいせき》政権の首都重慶《じゅうけい》を上空から撮影した写真が掲載された（図10）。それに「隣組の防空」という記事がつづいた。第一二二号（八月一六日）では、重慶空襲に向かう日本軍機の写真が表紙を飾った。そして関東大震災の教訓が引き合いに出された。

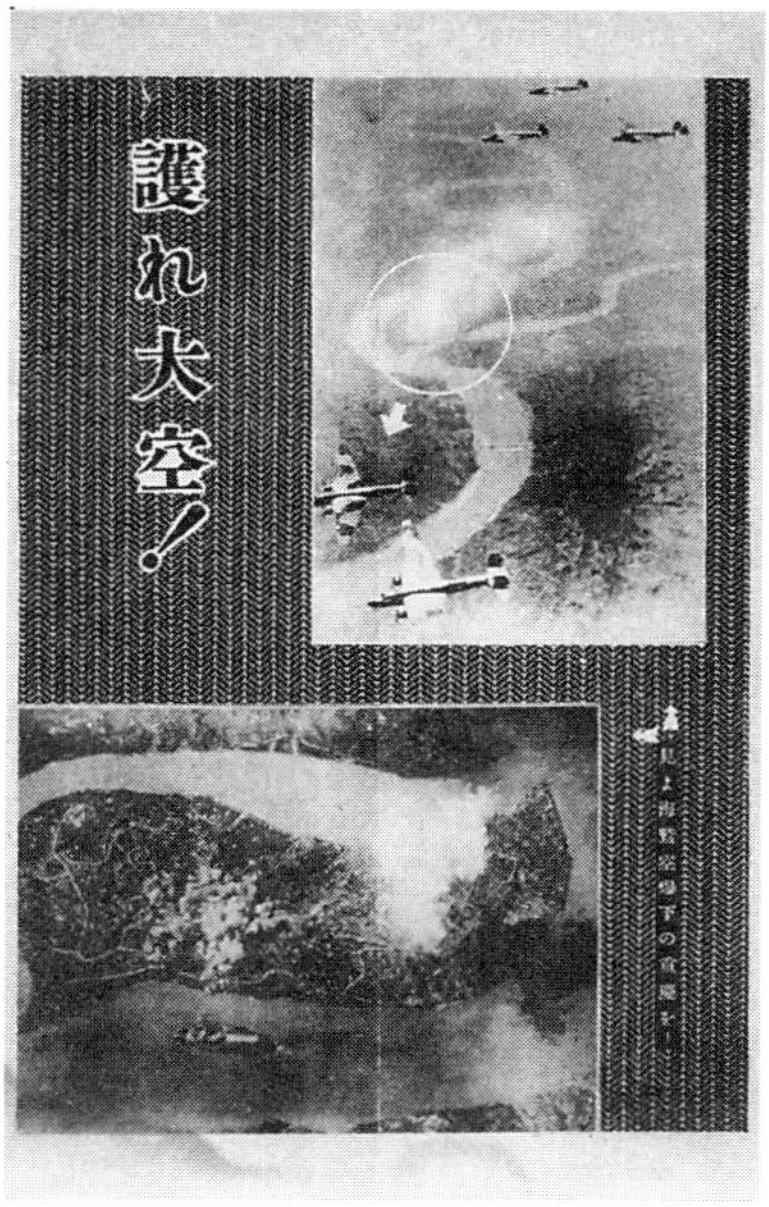

図10　日本軍機による中国重慶爆撃から防空の重要性を訴える（『市政週報』121号，1941年８月９日）

「震災記念日を如何に意義あらしめるか」という記事は、帝都市民は空襲の経験はないが「突発的に空襲以上の大なる体験を経て来てゐる」、震災は「この上ない貴重な試練に外ならなかつた」とし、震災時に市民の協力で焼け残ったとされた神田佐久間町の例を引いて「帝都の防空は防火第一」と訴えた。その次に「わが家の防空」という記事が置かれた。一二三号（八月二三日）には「町会の防空」という記事が掲載されている。

そして、一二四号（八月三〇日）では「震災と防空」という特輯が組まれた。東京市防衛局長による「帝都防空の本質」は、〝帝都における市民防空の使命は、国家の最高中枢機能を守ることである〟とし、〝市民の死傷が一〇〇万に達しても、総力戦下の国家中枢機能を守り得たなら、それは「名誉の死傷」であり、反対に一人の死傷者もなかったとしても、帝都の機能が停止したら国家総力戦は敗退であり、市民防空は失敗だ〟とした。

また、大日本防空協会理事長で、震災当時に内務省警保局長であった後藤文夫《ふみお》の「震災と空襲」では、「往年の大震災に於いて親しく嘗《な》めたる貴重な体験を以てこれ〔空襲〕に対処し、その受くる損害をして飽迄《あくまで》最少限度に喰止めるやうにしなければならぬ」とした。警視庁消防部長は「焼夷弾《しょういだん》恐るゝに足らず」と題し、日本の防空の要義は「防火第一主義」だとして、焼夷弾に対する市民の初期防火の重要性を訴えた。陸軍内で防空に熱心にとり組んでいた難波三十四《なんばさとし》（陸軍中佐）による「不敗の防空陣」は、〝国民全部が剛健な国民精神を養うとともに、隣組の防火消防を徹底すれば、我々の予想する空襲の実害は決して恐ろしいものではない〟と述べていた。他にも高島屋で開催された「国民防空展」の内容を紹介する記事などが掲載されている。

九月一日に警視庁は「第十八回震災記念日を意義づけるため」、消防部長を総司令官として、警視庁と消防署、警防団消防部員を総動員した防空演習を行なっている（『朝日新聞』一九四一年八月二九日朝刊、九月二日夕刊）。

『家庭防空の手引』

内閣総理大臣の下に置かれた情報局が編集する『週報』第二五六号（一九四一年九月三日）は、特輯号「家庭防空の手引」として発行された。これにより防空に関する指導が全国的に統一された。「手引」は近代戦に空襲は必至であるとし、空襲の程度は「まづ現在では大都市に対しては昼間なら二、三十機、夜間なら十数機、中小都市に対しては、数機編隊の空襲があるといつた程度でせう」とする。また〝今年四月中のロンドン空襲では、ドイツ軍の六〇〇〇機による空襲を受けたが、人命の損害は五〇〇〇、傷者五〇〇〇といわれているのに対して、関東大震災では二、三日で十数万の死者を出した。爆弾そのものより火災の惨禍の方が大きいことは明らかだろう。しかも不意に襲ってくる震災と違って、空襲は予期できる人為のものだから、準備さえできていれば、被害は防止できる〟と述べ、次のようにつづける。

石造や煉瓦造、或《ある》ひはコンクリート造等の不燃性の外国の家屋とちがつて、燃え易い木造家屋の密集してゐる日本では、敵の投下した焼夷弾で先《ま》づ何よりも火災を起させないことがどうしても必要です。そして多数に落下する焼夷弾に対しては、どうしても隣組の手でこれを処理せねばなりません。こゝにわが防空の特殊性として、いはゆる防火第一主義と隣組防火主義が生れて来ます。

そして、〝防空には、国民精神が剛健であることが重要で、全国民が「国土防衛の戦士」であることを自覚し、「一死奉公、団結を強くし、退却を考へずに敵弾と戦へば」被害はほとんどない〟〝防火に何よりも必要なものは水であり、各家庭に「五、六斗（百リットル）ぐらゐ以上」入る防火水槽が必要である〟〝焼夷弾に対する防火のこつは、「落下したら直ぐに駆けつけて、濡れムシロ、濡れ蒲団《ぶとん》、土、砂などを直接焼夷弾に被せて火勢を抑へると共に、周囲の燃え易いものや天井に水をかけて延焼を防止」することだ〟とする。

焼夷弾対策としての防火第一主義、隣組の注水による延焼防止が明確に打ち出され、国を挙げての方針となった。

防空法の改正

一九四一（昭和一六）年の第二次防空訓練は、一〇月一二日から二五日まで全国一斉に行なわれた。東京では、「家庭防空の手引」にみられるような、焼夷弾攻撃に対する訓練が重視された。防火第一主義の下に、焼夷弾と同等の威力をもつ「焼夷筒」を使用して、実戦さながらの訓練が行なわれた（『朝日新聞』一九四一年一〇月九日朝刊、『市政週報』第一三〇号、一九四一年一〇月一一日）。実戦さながら、というのは単なるうたい文句ではなかった。

東京市では、訓練中に一八人の死者が出て、一一月一二日に青山斎場で市主催の合同慰霊祭が執行されている。死者の内訳をみると、隣組防空群関係者一三人、警防団関係者四人、特設防護団関係者一人であった。死因は「心臓麻痺」「脳溢血」がそれぞれ七人、高所よりの転落死三人などである。年齢は一九歳が一人のほかは、三〇代から七〇代まで、警防団・特設防護団関係者は男性だったが、隣組防空群関係者の死者のほぼ半数にあたる六人が女性であった。身体への負担が大きい訓練であったこと、防空への動員が年齢・性別ともに幅広いことがうかがわれる（『市政週報』第一三四号、一九四一年一一月八日および第一三八号、一二月六日）。

一〇月三〇日、情報局は『時局防空必携』をまとめ、発表した。手帳風の小冊子として出版する予定だったが、まずは新聞に掲載されたものを切り抜いて保存するように指示された（『朝日新聞』一九四一年一〇月三一日朝刊）。状況は切迫していた。内容は前述の『家庭防空の手引』を、より詳細にしたものである。

一一月、地上防空部隊の改編が行なわれた。防空旅団司令部が新編され、高射砲連

（大）隊は防空連（大）隊と改称され、統率や指揮系統が改善された。飛行隊も拡充された（前掲『戦史叢書　本土防空作戦』）。

防空法も改正された（一九四一年一一月二六日法律第九一号）。防空活動に「偽装」「防火」「防弾」「応急復旧」が加えられた。このうち防火に関して主務大臣（内務大臣）は、必要な場合、一定の区域内に居住する者に対して、その区域からの退去を禁止、または制限できるようになった。さらに空襲によって建築物に火災の危険が生じたときは、その管理者・所有者・居住者などは、「応急防火」をしなければならない、現場付近にいる者もそれに協力しなければならない、とされた。これらの規定によって、国民は基本的に空襲から逃げることなく、初期防火に努めることを義務づけられた（土田宏成『近代日本の「国民防空」体制』）。

一二月八日、日本の海軍はハワイ真珠湾を攻撃、陸軍はマレー半島に上陸し、アメリカ・イギリスなどとの戦争に突入した。同日、防空が下令、警戒警報が発令され、夜間の灯火管制が始まった（前掲『戦史叢書　本土防空作戦』）。

ドーリットル空襲

日本軍の奇襲作戦は成功し、日本軍は東南アジアと太平洋の広大な地域を占領した。そのため日本本土が空襲を受けることはなかった。

ところが、一九四二（昭和一七）年三月四日、東京府に属する太平洋上の小島である南《みなみ》鳥島《とりしま》が米空母部隊による空襲を受けた。真珠湾攻撃で破壊できなかった米空母の動きが活発化していた。

そこで日本の連合艦隊は、ハワイ西方に位置するアメリカ領ミッドウェー島を攻略することで、米空母を誘い出し、撃滅する作戦を立案した。また、ミッドウェー作戦と連動して、米軍による北方からの日本本土空襲を防ぐため、アメリカ領アリューシャン列島の西部を攻略する作戦も考えられた（防衛庁防衛研修所戦史室『戦史叢書　ミッドウェー海戦』）。

そして四月一八日、東京は米爆撃機によるはじめての空襲をうけた。この空襲は米軍指揮官Doolittleの名前をとり、「ドーリットル空襲」または「ドゥリットル空襲」と呼ばれている。

真珠湾攻撃以来、優勢に戦いを進める日本に一矢《いっし》を報いるべく、アメリカは日本本土への攻撃を計画していた。その作戦は、飛び立つのに長い滑走距離を必要とし、通常なら陸上の飛行場で使用される双発の爆撃機Ｂ25を空母から飛ばし、日本本土を空襲するというものだった。Ｂ25なら小型の艦載機よりも遠くまで飛べる。だから、日本軍が厳重な防衛態勢をとっている日本本土に空母を近づけなくてもよい。爆弾も多く積める。だが、Ｂ25は、長さが限られた空母の飛行甲板から何とか発進はできるものの、着艦することはできない。そこで日本本土を空襲したＢ25をそのまま西進させ、中国軍の飛行場に着陸させる

図11　米空母ホーネットから日本本土爆撃に飛び立つB-25（柴田武彦・原勝洋『日米全調査ドーリットル空襲秘録』アリアドネ企画，2003年）

ことにした。日本側の想定外をねらった奇襲作戦であった。

対する日本軍は、太平洋上の警戒のため、漁船などを徴用し、本土東方七〇〇海里（約一三〇〇キロ）まで配置し、監視にあたらせていた。四月一八日朝、日本の監視艇は米空母を発見、その報告が東京に届いた。だが、日本軍は、まさか空母から陸上機による攻撃が行なわれると思っていなかったため、艦載機の航続距離をもとにして、飛行機の発進は空母がもっと日本本土に近づいてからだと考えた。だから、警戒警報を発令し、迎撃態勢をとったものの、米軍機の本土来襲を翌一九日と判断していた。

一方で、米軍も想定していたより早い地点で、日本側に発見されてしまった。そこで予定を早め、B25一六機を空母ホーネットから発進させた（図11）。B25が本土上空に到達したのは、一八日正午過ぎのことであった。各機は、発見されにくいように低空で単機行動をとっていた。

日本側は、想定していたよりもずっと早く敵飛行機が現れたために、対応が遅れた。空襲警報が発令されたのは、空襲が始まった後のことである。B25は、東京・川崎・横浜・横須賀《よこすか》・名古屋・神戸などで、爆弾投下や機銃掃射を行なった（柴田武彦・原勝洋『日米全調査ドーリットル空襲秘録』、前掲『戦史叢書　本土防空作戦』）。

ドーリットル空襲による東京の死者は、三九人であった（前掲『東京大空襲・戦災誌』二・三）。

ドーリットル空襲の戦局への影響

帝都に対する白昼堂々の空襲を許した日本軍は、大きな衝撃を受けた。それにしても、なぜ小型の艦載機ではなく、双発の爆撃機が現れたのか。作戦の全貌が明らかになったのは、中国の日本軍占領地に不時着して捕虜となった米搭乗員に対する尋問によってであった。

二度とこんなことがあってはならないと、本土・太平洋・中国大陸で、そのための対応がなされた。大本営は、南方から飛行隊と高射砲隊の一部を帰還させ、帝都防衛態勢を強化した（前掲『戦史叢書　本土防空作戦』）。ミッドウェー作戦の実施も急がれることになった。連合艦隊が求めるミッドウェー作戦に対しては、陸軍、そして身内の海軍部内にも反対論や慎重論があったが、ドーリットル空襲が状況を一変させたのである。

ところが、日本の連合艦隊は、一九四二（昭和一七）年六月のミッドウェー海戦において、米空母の撃滅という目的を果たせなかったどころか、逆にこれまでの快進撃を支えてきた空母四隻と多数の航空機・熟練パイロットを失った。ミッドウェー作戦と連動したアリューシャン作戦では、日本軍はアメリカ領アッツ島・キスカ島を占領したものの、ミッドウェー海戦での敗北により、その戦略的意味は小さくなった（前掲『戦史叢書　ミッドウェー海戦』）。

中国大陸では五月から、日本軍の地上軍によって、米軍機に利用される可能性のある浙《せっ》江省《こうしょう》の中国軍飛行場を破壊することを目的とした浙贛《せっかん》作戦が実施された。しかし、この作戦のために、日中戦争の処理をめざして蔣介石政権の根拠地・重慶を攻略する作戦は延期され、結局は実施できなくなった（芳井研一「日中戦争と日米開戦・重慶作戦」）。

このように日本本土、そして帝都に対するはじめての空襲でもあったドーリットル空襲は、日本の戦争計画を狂わせていった。そして、米軍の本格的な反攻が始まる。八月、日本軍が、アメリカとオーストラリアの連絡を断つことを目的に、飛行場建設を進めていたソロモン諸島ガダルカナル島に、米軍が上陸する。

防空強化への意識づけ

一九四二（昭和一七）年八月三日、東京市長に陸軍大将（予備役）の岸本綾夫《あやお》が、市会により選出された（前掲『東京百年史』第五巻）。東京市では、はじめての軍人市長である。六日に行なわれた市長就任のラジオ放送で岸本は、まず第一に戦争に勝ち抜かねばならず、市政の重点はどうしてもここに置くべきである、「その最も重大なる事は防空であります」と述べている（『市政週報』第一七三号、一九四二年八月一五日）。

九月一日の震災記念日には、昨年同様に警視庁消防部総指揮による消防演習が、各消防署・警防団などを動員して、全市一斉に行なわれた。焼夷弾による火災を想定したもので、震災の記憶と空襲がより強く結びつけられた（源川真希『東京市政』）。

陸軍も震災記念日に合わせ、当局談を発表し、各紙に報じられた。『読売報知』（一九四二年九月二日夕刊）では、その意図を次のように記している。

陸軍当局では今から十九年前のこの日関東大震災によつて十数万の生霊を失ひつゝも、克《よ》く一望焦土《しょうど》と化したなかに雄々《おお》しくも起ち上り帝都復興を完成させた当時の大いなる力を国民に再び求め、更に敵機の空襲による大震災同様の惨害の再現や避難の無秩序によつて必要以上に払つた高価な犠牲を単なる犠牲として終らせることのないやう、関東大震災十九周年の記念日に当る一日次の如く当局談を発表した。

談話本体では、〝近ごろ国内では日本軍の赫々《かくかく》たる戦果に酔うあまり、今後本土が襲撃されるようなことは起こり得ないとの観念を持つ者が多いが、楽観できない〟と述べられている。そして、本土が空襲される三つの可能性として、①中国大陸の日本軍が占領していない地域を基地とするもの、②太平洋上のアメリカの陸上基地からのもの、③アメリカの航空母艦からのものを挙げ、国民の油断を戒め、緊張を求めている。

その一ヵ月後となる一〇月二日付の新聞各紙には、米週刊誌『ライフ』（四月二七日付、このライフ記事の出典について詳しくは、国立国会図書館「レファレンス協同データベース」、http://crd.ndl.go.jp/reference/detail?page=ref_view&id=1000154523 を参照）に掲載された東京空襲の計画を示す三枚の地図が和訳され、転載されている。『ライフ』に示された計画とは、〝東京に木造家屋が多いのに着目して軍需《ぐんじゅ》工場地帯、軍事施設、可燃家屋地帯、耐火家屋地帯などを詳細に調査し、それぞれの場所に応じて大型・小型の焼夷弾を使い分け、一挙に帝都を焦土にしてしまおうとする〟ものであった（黒田康弘『帝国日本の防空対策』）。

東京都の誕生

東京都制の実施

こうした一九四二（昭和一七）年九月一日の震災記念日以降にみられる空襲の危険性を訴える報道は、政府の意図によるものであった。一九四三年二月一二日の第八一回帝国議会衆議院予算委員第二分科会の秘密会において、内務省防空局長の上田誠一《せいいち》は、国民に防空思想を徹底させるために、どのような手段をとっているかを問われ、次のように述べていた。

何分ニモ是ハ陸海軍ノ空襲判断ニ基ク活キタ宣伝ト云ヒマスカ、是ガ何ヨリモ効果ガゴザイマスノデ、実ハ昨年ノ震災記念日ノ九月一日以降、従来ト大分変リマシテ、是ハ情報局ノ方トモ協議ヲ致シマシタ上デ、相当強ク空襲ノ危険性ヲ一般ニ宣伝スル方策ヲ執ツテ、今日ニ至ツテ居ルノデアリマス（衆議院事務局編『帝国議会衆議院秘密会議事速記録集』一一)。

このころ、前年八月に始まったガダルカナル攻防戦は消耗戦の末、日本軍の撤退をもって終結した。その後も、日本軍は戦局を挽回することはできず、後退を重ねていく。

第八一議会には、東京府と東京市を廃止し、両者を統合した「東京都」を置くこととする東京都制案も提出されていた。関東大震災後、東京市の隣接地域でも都市化が進むと、前述のように一九三二年、東京市は周辺の町村を合併し、ほぼ現在の東京二三区の範囲にまで拡大した。東京市の人口は、東京府の人口の九〇％以上を占めるようになった。こうして東京に府・市二つの行政機関を置いておくのは非効率だとの意見が強まっていった。しかし、新しい大都市制度のあり方をめぐって、自治権の拡大を企図する東京市と、それを限定しようとする内務省との間で折り合いが付かず、ここに至っていた(源川真希『東京市政』)。

それを実現させたのが戦争であった。戦争の苛烈化にともなって増大していく業務とリスクに対処するためには、権力を一元化し、強力かつ効率的に行政を展開する必要があった。戦時下では、自治権の拡大という考え方は受け入れられず、東京都の長官は政府によって選ばれることになった。東京都制案は三月に可決され、七月から実施された。

アッツ島玉砕

一九四三（昭和一八）年五月一二日、日本軍に占領されたアッツ島を奪還するため、米軍が上陸を開始した。東京でも、その日の夜に警戒警報が発令（一五日夕方に解除）された（前掲『東京大空襲・戦災誌』三）。

五月一九日、皇后が銃後《じゅうご》（戦場の後方のこと）婦人の活動を視察するために、東京市特別衛生地区保健館（現在の中央区保健所）・東京府授産協会豊島授産場（職業訓練施設）・東京第一陸軍造兵廠《ぞうへいしょう》、凸版《とっぱん》印刷板橋工場に行啓《ぎょうけい》した。豊島授産場視察の際、皇后は付近の西巣鴨《すがも》地区の隣組防空群による防空訓練を視察している。

皇后が六時間にもわたって視察を行なったというのは前例がなく、隣組防空群の訓練を親しく視察したのもはじめてのことであった（『朝日新聞』一九四三年五月二〇日朝刊）。五月二一日には、四月一八日に連合艦隊司令長官の山本五十六《いそろく》が戦死していたことが公表され、国民に衝撃を与えた。

米軍のアッツ島上陸を受けて、日本軍はキスカ島を含めたアリューシャン方面からの撤収を決めた。しかし、すでに米軍が上陸しているアッツ島からの撤収は不可能であった。米軍との圧倒的な戦力差のために、アッツ島の日本軍守備隊は全滅、五月三〇日、大本営はアッツ守備隊の「玉砕《ぎょくさい》」（日本軍が全滅を美しく表現した言葉）を発表した。国民は、アメリカの反攻が本格化し、戦争が新たな段階に入ったことを知った。

図12　皇居に展示された高射砲を見る昭和天皇（『毎日新聞』1943年6月11日朝刊）

六月一〇日、昭和天皇が皇居内で、高射砲や電波警戒機（レーダー）などの防空兵器を天覧した。皇族軍人と、陸軍大臣以下の陸軍関係者に加え、直接研究製造にあたっている民間会社関係者も立ち会った。その様子は、翌日の各紙で、高射砲をみる昭和天皇の写真とともに一面トップで報道された（図12）。本格的な空襲の危機が近づいていることが示唆されていた。

国民防空態勢の再検討

日本では防空壕《ぼうくうごう》の整備が遅れていた。防空壕のうち簡易なものは「待避所」と呼ばれていた。「待避」の意味するところは後述するが、そもそも日本の「国民防空」では、延焼防止のために焼夷弾が落下した直後からの消火活動が求められていたから、防空壕への避難は重視されていなかったのである。しかし、アメリカの反攻の本格化とヨーロッパで行なわれている大規模な空襲、南方の日本軍占領地域における空襲の経験を踏まえ、見直しが行なわれた。

一九四三（昭和一八）年六月の終わりから、内務省も、防空壕の整備を強く推進するようになる。すでに奨励していた一般家庭・工場などにおける整備を強化し、さらに街路を通行する人などのための公共待避所、港湾・学校の待避所を整備することとしていた。構造は原則、地下式で無掩蓋《むえんがい》（屋根のないもの）とされた。地上式より安全な地下式とされたものの、資材と費用は回されなかった（黒田康弘『帝国日本の防空対策』）。

東部軍司令部参謀の稲留勝彦《いなどめかつひこ》は、「待避所」をつくる大切さについて、〝空襲に際して、いざ防火消防というときに爆死していたり、怪我《けが》をしていては「民防空の戦士」になることはできない。待避所をつくることは自分の命を守ってむざむざと犬死《いぬじ》にしないことである〟（『朝日新聞』一九四三年六月三〇日夕刊）と述べていた。

同時期に、内務省は『時局防空必携』の改訂版を発表した。新旧を比較し、改訂点を挙げれば、次のようである（前掲『都史資料集成　第一二巻　東京都防衛局の二九二〇日』）。

まず、想定される空襲が変わった。空襲目標について、大都市が主目標で、中小都市や戦争遂行上必要な運輸・交通・生産などの要点も目標になるという点は同じだが、改訂版では「国民の戦意を挫《くじ》く為、無差別に爆撃」することもあろうと、無差別爆撃の可能性に言及している。空襲の程度は、旧版の数十機による「数回、多くとも十回位」から、「相当大規模の空襲をくり返し受けるおそれが多い」と変わった。投下弾は、焼夷弾を主とし爆弾も使われるという点は同じだが、焼夷弾・爆弾ともに大型のものも使用されるとし、味方の高射砲弾の断片に対する注意も加えられた。

家庭に待避所を設けることが明確化された。「当局より指示された所では必ず作る」、なるべく地下につくるのがよいとされた。「死傷者が出来たら」という項目も加わっている。以上のように、改訂により『時局防空必携』の内容は、より実際的なものとなった。しかし、早期に焼夷弾を発見し、水を周囲にかけて延焼を防止するとの原則は変わっていない。

東京都の発足

一九四三（昭和一八）年七月一日、東京都が発足した。東京都長官には、大達茂雄《おおだちしげお》が任命された。大達は内務官僚で、都長官となる直前まで、日本軍が占領し「昭南特別市」と改称されていたシンガポールの市長を務めていた。

都制実施と同日に発せられた「都政施行ニ伴フ防空事務分掌ノ件」（内務省発防第四〇号次官依命通牒）によって、新たに誕生した東京都と警視庁との間における防空事務の役割分担が決定された。それによると、東京都は「主トシテ設備資材ノ整備ニ関スル事項」を、警視庁は「主トシテ実施ニ関スル事項」を主管することとなった。隣組防空群については、東京都が「組織編成及資材ノ整備ニ関スル事項」を、警視庁が「指導統制ニ関スル事項」

を分担することになった。

さらに「東京都隣組防空群指導要綱」によれば、警視庁の担当する「指導統制ニ関スル事項」とは、具体的には「隣組防空群ノ防空活動ノ指導教育訓練、並ニ災害発生時ニ於ケル指揮統制」であった。そして、警防分団本部に町会単位の「隣組防空群指導係」を設け、隣組防空群の指導にあたらせることにした（東京都防衛局編『現行防衛関係法規類集　全』）。

わかりやすくいうと、防空に関するモノは東京都の管轄、ヒトは警視庁の管轄となったのである。こうして最終的に「国民防空」の最末端組織に対する指導権・指揮権も、警察の下に一元化され、隣組防空群は警防団の指導下に置かれることになった。

隣組防空群指導係の係員については、隣組・町会との関係とその任務の特殊性が考慮された。係長には原則として町会長、または町会防務部総代を、部長には町会副会長、または町会幹事をあてた。いくつかの隣組をまとめて班をつくり、その中から適任者一人を選定し、班長に任命した（前掲『警視庁史』昭和前編）。

「待避」の訓練

一九四三（昭和一八）年七月一五、一六日に、東京都の区部で、防空訓練が実施されることになった。今回の訓練で重視されたのが、「待避」であった。そこで、訓練までに「待避所」を準備しておくよう指導がなされた。

当時の人びとの日記をみると、東大教授も（一九四三年六月三〇日「藤棚《ふじだな》の下に防空待避所を作らせてゐたら、相当手の入ったものが出来上った」＝矢部貞治『矢部貞治日記』銀杏の巻）、漫談家も（七月五日「家の者たちで藤棚《ふじだな》の下に防空壕を掘つた」＝徳川夢声『夢声戦争日記』二）、評論家も（七月九日「畑の東隅に、前に植木屋の掘った穴を、少し掘り下げて、防空壕らしくする」＝伊藤整『太平洋戦争日記』二）、喜劇役者も（七月一〇日「自宅の庭へ防空壕を掘る」＝古川ロッパ『古川ロッパ昭和日記』戦中篇）、自宅に防空壕をつくっている。

内務省防空局長の説明によれば、「待避」とは〝爆風や弾片による死傷を避けながら、ただちに次の防空活動に移れるように待機するという意味で、兵隊さんの「伏せ」と同様の意味で積極性のものでなければならない。同音でも絶対に「退避」ではない〟とされた（『朝日新聞』一九四三年七月一一日朝刊）。

この防空訓練では、一部の地区を除いて消防・防火などの訓練は行なわず、防護見張（監視）・待避・灯火管制の訓練、つまり待避を中心とした訓練であった。敵機を発見したら、屋内・屋外にいるを問わず待避することとされ、都電やバスなどの交通機関も停止し、乗客を待避させなければならないとした。待避の際には、待避所や堅固な建物、地形などを利用する。それができない場合には、適当な位置に伏せる。一ヵ所に集中せず、分散する。手で目を押さえ、耳を塞いで守るとされた（『朝日新聞』一九四三年七月一四日夕刊、一五日夕刊、一六日夕刊）。

訓練終了後の警視庁の講評でも、待避についてもっとも多くの分量が割かれていた。家庭・商店・工場で待避所を全然つくっていない者は見受けられないが、不完全であり、敵機来襲中に待避しない者、焼夷弾落下に際して飛び出す準備ができていない者が多い。通行者は警察官・警防団員に注意されてから待避する者があった。電車・自動車の乗客で待避しない者はなかったが、動作に迅速を欠く者がいた。映画館・劇場・百貨店の入場者の待避は成績不良であった。電車・自動車・自転車の交通機関の待避は、やや良好であった。こうした個別の評価ののち、都民への要望として次の四点を掲げた（『朝日新聞』一九四三年七月一七日朝刊）。

一、空襲時における待避の重要性認識。
一、待避施設を急速に完備すること。
一、待避要領を知得し、平素から進んで演練すること。
一、車輌乗務員、百貨店、工場などの誘導責任者は公共待避所の位置規模をよく知って、時宜《じぎ》に適した公衆誘導が出来るやう平素から演練しておくこと。

ハンブルク空襲

ヨーロッパでは、空襲がいよいよその苛烈さを増していた。産業が発達し、優秀な兵器を大量に生産することが戦争の勝敗を決するようになり、国家がその総力を挙げて生産拡大に邁進《まいしん》する中、敵国の生産の中心である都市の破壊と、生産の担い手である国民の戦意喪失をねらった無差別爆撃が行なわれるようになる。そのための方法や兵器も開発され、無差別爆撃はエスカレートしていった。

一九四三（昭和一八）年七月終わりから八月はじめにかけて、英米軍によって行なわれたドイツのハンブルクへの空襲は、これまでにない大規模かつ無差別の爆撃で、民間人に甚大な被害をもたらし、日本にも衝撃をもって詳しく伝えられた。

八月八日付新聞各紙には、ベルリン発の同盟通信配信の記事が掲載されている（『朝日新聞』一九四三年八月八日朝刊）。記事ではまず、航空兵器の発達と総力戦、無差別爆撃の関わりについて、簡潔な説明がなされている。

第一次世界大戦と今度の欧州大戦と較べて最も大きな相違は、空軍の発達により国内のあらゆる場所が直接敵の攻撃に暴《さら》され、深刻な国家総力戦の形が益々《ますます》濃厚に現れてゐることだ。殊にハンブルグその他に対する最近の反枢軸《すうじく》空軍の爆撃は軍事施設に制限せず、一般市民の住宅を狙ひ、国民に与へる惨禍は想像以上である。

つづいて爆撃方法が述べられている。その要旨をまとめると以下のとおりである。一地方の爆撃に、四発重爆撃機五〇〇機から七〇〇機くらいを集中的に用いる。夜間に指導機が投下する照明弾によって指示された地域を爆撃し、目標を選ばず、定められた地域を一物も残さず爆破することをねらう。爆弾・焼夷弾などを雨あられと落す。攻撃を受けた地域は一面火の海となり、文字どおり根こそぎ壊滅させられる。市民も四方から火の海に包まれて皆殺しというまったく非人道的なものである。これは米国雑誌がかつて東京爆撃の方法として発表したものとまったく同じだ。

後にみるように、それは実際に行なわれた空襲とも同じであった。

関東大震災二〇周年

一九四三（昭和一八）年は、関東大震災から二〇周年という節目の年であった。九月一日の震災記念日の前後、前年に増して、震災は空襲と強く結びつけられて振り返られた。震災を空襲と同様の被害をもたらすものととらえ、震災を教訓として空襲に備え、震災のような惨禍を繰り返してはならないとする主張が展開された。人びとが経験したことのない本格的な空襲をイメージさせるのに、東京が実際に受けた一九四二年四月の空襲よりも、震災の経験が利用されたのである。

「空襲に繰返すなあの惨害あす震災記念日／体当りで火を消せ／焼夷弾も焚火《たきび》……築けこの自信」と題する『朝日新聞』一九四三年九月一日夕刊の記事は、警視庁消防部が震災記念日に「空襲時火災警防特別訓練」を実施することを次のように伝えている。

あす震災二十周年記念日―思ひ起す二十年前、関東一帯に起つたあの震火災の惨害は「空襲必至」の時局下に強く回顧し、深く省みられねばならない。鬼畜《きちく》敵米英が銃後の動揺と混乱を狙つてすでにイタリアに、ドイツに試みつゝ、ある爆撃の実相は、まこと震災当時を彷彿《ほうふつ》させるものが多々あるではないか。あのとき今日の半分もの訓練が市民にあつたなら、己を捨てゝ消火に努める心構へが出来てゐたら、僅少の災害で食い止め得たであらう。

それに関わって、「空襲と震災」についての警視庁消防課長の談話も紹介されている。消防課長は〝関東大震災の大惨害をひき起こしたのも、地震が直接与えたものはわずかで、市民が火を消すことを知らず逃げ惑ったためだ〟とし、震災時の出火火元数、火災による死者数などの数字を挙げて、空襲下の初期消火の重大性を説明し、〝敵機が来たら「トンボ」と思え、爆弾は「雷」と思え、焼夷弾が燃えたら「焚火」だと思って、敢然として火に挺身《ていしん》することが肝要だ〟と、心構えと訓練の必要を説いた。

『読売報知』一九四三年九月二日夕刊は、「惨禍の訓へに鉄の防空／震災記念日」と題して、次のように述べている。

想へば二十年前大東京の盛観を一朝にして灰燼《かいじん》に帰せしめ、十万の生霊を奪ひ去つたあの紅蓮《ぐれん》の劫火《ごうか》こそは大都市を根こそぎ焦土にしようとする現下のテロ空襲の様相そのまゝなのだ。大震災の惨禍と予想される敵の大空襲からうける被害の違ひは真に紙一重である。だが不断の備へに防空必勝を期すわれら八百万都民は、敵のテロ空襲がいかに苛烈であらうとも断じて再びあの惨禍を現出してはならない。

一日には、南鳥島が空襲を受けたことにともない、夕方東京でも警戒警報が発令された。評論家の伊藤整は九月一日の日記に「今東京は空襲の前夜にあり、第二の震災同様の被害を予感しているのだ」（前掲『太平洋戦争日記』二）と記した。

警視庁による隣組防空群の指導

都制実施による新たな態勢の下で、警視庁は隣組に対して基礎から体系だった防空訓練を開始した。すでに都制実施前の一九四三（昭和一八）年六月二〇日から、隣組防空群指導係の指導力の養成・向上をめざした「幹部訓練」が始まり、七月一日から九月一〇日までの期間には「現地特別訓練」として、隣組防空群長と一般家庭から各一人を出動させ、消防・防火、救護、待避、防毒の基礎訓練を行なった。

防空業務の種類は多岐にわたるため、群長一人が、その全部について専門的な知識や能力を持つことは困難である。そこで八月二〇日から一〇月末までに「業務特別訓練」として、消防・防火、救護、待避の重要な三業務につき、群内から群長以外の三人を選び、一人一業務ずつの訓練を実施し、基礎訓練の徹底を期した。そうして専門的な知識や能力を身につけた彼らを「陣頭指揮者」とし、群長を補佐させ、群員の指導にあたらせようとしたのである。彼らを指導者として、隣組の「月例訓練」が実施された（前掲『警視庁史』昭和前編、『朝日新聞』一九四三年六月一三日夕刊、八月一九日夕刊）。

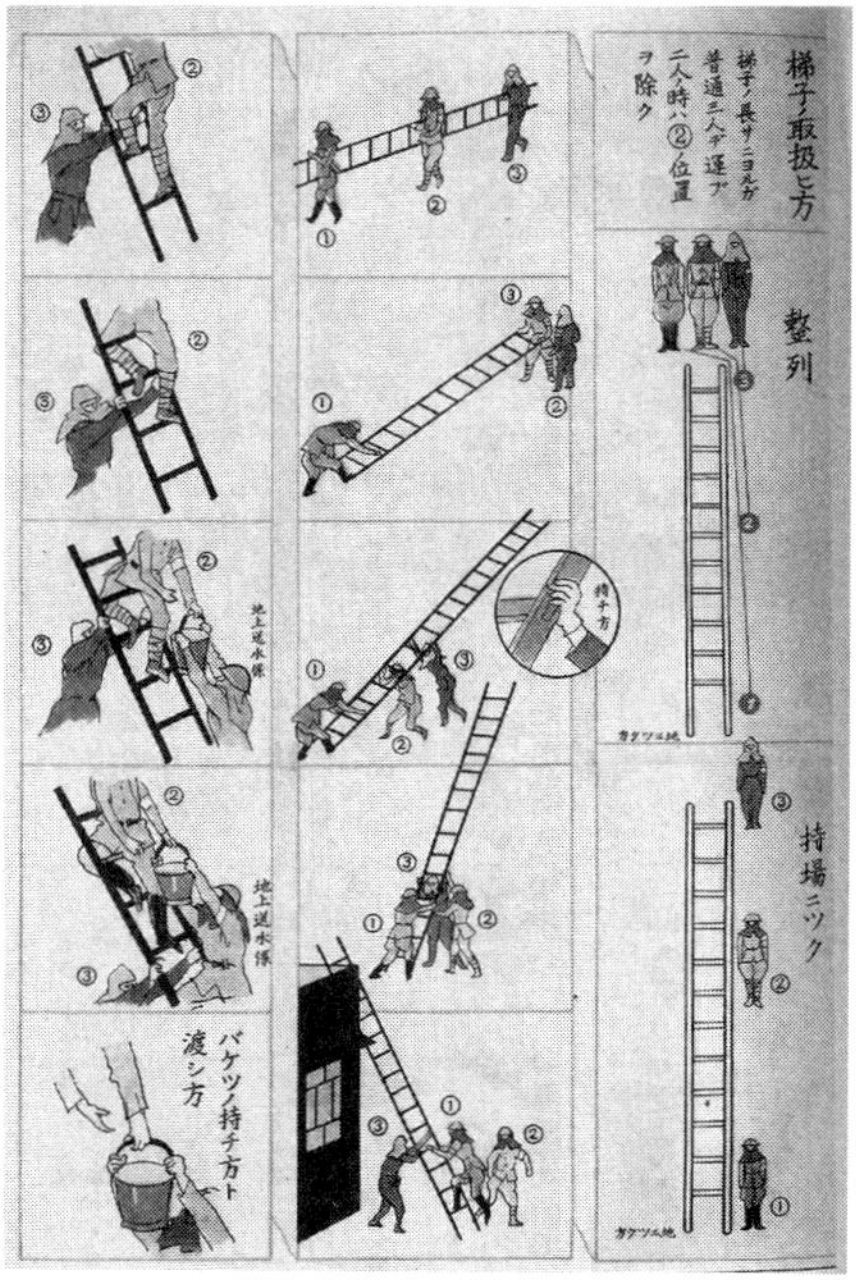

図13　高所注水のための梯子の利用法
（「隣組防空絵解」，前掲『都市資料集成12』）

さらに警視庁は、在郷の陸軍軍人一六人を嘱託として隣組防空の指導にあたらせることにした（『朝日新聞』『読売報知』一九四三年八月一二日夕刊）。

九月一一日に「業務特別訓練」を受けた、杉並区在住の小説家上林《かんばやし》暁《あかつき》は、その体験を「防空演習」という作品（未発表）に私小説風にまとめている（上林暁『上林暁全集』四）。その概要をまとめると次のようである。

「私」は消防・防火業務の特別訓練を受けた。訓練は午前八時から一一時までで、私は身支度をし、筵《むしろ》を抱え、バケツを提げて、会場である近くの神社境内に出掛けた。私は仕事がら始終家にいるため、副群長も二期勤め、万一、昼間に空襲があった場合には、指揮をとることになっていた。

会場に着くと、隣組防空の業務が警視庁に統轄されたので、警察署から指導官が来ていた。群長などは参観者に回り、訓練の様子を取り囲んで眺めている。訓練の要項が一元的に統制されたので、従来とだいぶ変わっていた。筵を三つ折りにして貯水槽に漬け、それを発火点にかぶせることから訓練は始まった。その後は、バケツを用いた各種の送水・注水の訓練、高所注水のための梯子《はしご》の操作訓練（図13）、最後に、物置の屋根に梯子をかけての立体的な操作が行なわれ、ポンプの扱い方の実演があり、昼近くに訓練は終わった。

それから間もなく隣組の月例訓練が行なわれた。群員が集合すると、群長に代わって実際の指導にあたっている技術将校が、この前の業務特別訓練に参加した私を含む三人に説明を頼み、それに基づいて基礎訓練を実施することになった。

私はこんなことは初めてなので「一寸《ちよつと》晴れがましい気持」になった。また、「どっかで仕入れた新智識を披露してゐるような得意げな気持」を感じつつ、教えられたとおりを、ときに自分が受けた注意の言葉をそのままに説明した。業務特別訓練時には苦労をした梯子の操作でも、見上げる群員たちの前で、実演しながら梯子の上から叫んでいた。一〇月に入ると、群長の転居にともない、私が群長になり、訓練を指導した。

　このように警視庁による指導が進んだが、軍防空と国民防空の連係も強化される。一〇月には東部軍が、都下の専門学校以上に配属されている将校（学校で軍事教練を担当していた）八六人（大佐七五人、中佐一一人）に、国民防空の指導をさせることにした。東部軍と警視庁の協議により、彼らは八六の警察署と四〇の消防署に配属されることになった（『朝日新聞』一九四三年一〇月九日夕刊）。

疎　開

疎開の始まり

住宅が建ち並ぶ市街地で火災の拡大を防ぐには、幅の広い道路や、公園・空地などの建物のない空間を設け、延焼を食い止めればよい。江戸時代の「広小路」も、そうした知恵の一つである。そして、関東大震災後の復興事業で、街路整備に本格的にとり入れられた。こうした空間は、非常時には避難、消防のルートや避難所ともなり、平時には都市の機能や環境の向上にも役立つから、その後も整備が進められ、防空の必要性が高まると、いっそう拡張された。

一九四一（昭和一六）年一一月の防空法の改正により（第五条ノ五第二項）、防空上空地を設ける必要がある時は、一定の地区を指定して、その地区内における建築の禁止・制限ができるようになった。

一九四三年三月には、内務省告示により、東京と大阪で防空空地地区の指定が行なわれた。防空空地地区には、密集市街地内に残存する空地を指定するものと、郊外に広く帯状に空地を指定するものの二種類があり、後者には密集市街地の周囲に設定する内環状空地帯、さらにその外側の周縁部に設定する外環状空地帯、それら環状空地帯から都心部に向かって河川沿いにつづく内放射空地帯、外放射空地帯があった。これらの空地を確保することで、都市の過大化・過密化を抑制し、空襲の被害を軽減させ、また、消防、避難などの防空活動のための用地としようとしたのである（『市政週報』第二〇七号、一九四三年四月二四日、越澤明『復興計画』）。

都制実施後の一九四三年九月、東京都の働きかけにより、「帝都空地防空報国会」が組織された。会は区ごとにつくられ、区長を会長、区内に空地を所有、または管理する者を会員とし、貯水池や待避所の設置、防空活動の用地確保に協力するものとされた（『都政週報』第一一号、一九四三年九月二五日）。閑院宮《かんいんのみや》家以下の各宮家では、率先垂範《すいはん》、御用地の一部を提供している（『都政週報』第一八号、一九四三年一一月一三日）。

政府はさらに進んで、既存の建物を取り払って空地を創出すること、都市に置いておく必要のない施設や人員を地方に分散させること、すなわち「疎開」を決める。九月二一日、「現情勢下ニ於ケル国政運営要綱」が閣議決定された。その中で、帝都および重要都市の防衛を完全にするために、これらの都市の官庁・工場・家屋などに対して地方移転や撤去の措置をとることも挙げられていた。

それに基づき、さらに政府は、一〇月一五日に「帝都及重要都市ニ於ケル工場家屋等ノ疎開及人員ノ地方転出ニ関スル件」を閣議決定した。同じ月に防空法が再改正され（一九四四年一月施行）、新たに「分散疎開」に関わる条項が加わり、疎開に法的根拠が与えられた（前掲『東京大空襲・戦災誌』三）。

猛獣処分

空襲時に暴れ出す危険があるために、上野動物園の猛獣が殺処分されていたこと、供養のための法要が開催されることが報道されたのは、一九四三（昭和一八）年九月三日のことであった。戦後『かわいそうなぞう』の物語として語り継がれることになる猛獣処分は、東京都長官の大達茂雄の命令によるもので、八月一六日に動物園に伝達され、翌日から着手された（恩賜上野動物園編・東京都著『上野動物園百年史』）。

九月四日に挙行された法要には、長官の大達以下の都関係者、近隣の学校の児童・生徒たちが参列した。近くの子どもたちも続々つめかけた。位牌には「殉難猛獣霊位」と書かれていた。「時局捨身動物」との表現もみられた。公園緑地課長は「このやうな非常措置をとらざるを得なかつた時局の苛烈さをよく考へていただきたい」と最後に挨拶した

（『朝日新聞』『読売新聞』一九四三年九月三日朝刊、五日朝刊）。

報道では、処分は「穏かな方法」「懇切な方法」とされていたが、実際には、毒殺を主として、刺殺・斬殺・絞殺・打殺・絶食などの方法がとられた。法要会場そばのゾウ舎の前には幕が張られ、中がみえないようにされていた。三頭のゾウのうち二頭が絶食に耐えながら、なおも生きつづけていたからである。その後、一頭は九月一一日、もう一頭は二三日に死亡した。一一日には、生後六ヵ月の子ヒョウも毒殺されていた。猛獣処分は完了した。処分された猛獣は一四種二七頭であった。『上野動物園百年史』には、動物ごとの処分方法と、絶命に至るまでの詳細な記録の一部が引用されている。

猛獣処分の発表後、上野動物園には、全国の子どもたちから、哀悼の便りが届いた。当時の新聞報道では「その一文、一文が、たゞその死を哀しむ感傷の言葉に終始せず、〝きっと仇《あだ》はとつてやる〟健気《けなげ》な誓ひが綴られてゐる」とされ、大好きだった動物たちがいなくなったさびしさと、米英への敵愾心《てきがいしん》にあふれた国民学校生（現在の小学生）の手紙が紹介されていた。また、象三頭のうちの二頭の皮が陸軍被服廠《ひふくしよう》に献納され、「死してなほ、立派に兵隊さんのお役に立つといふこと」と報じられている（『朝日新聞』一九四三年一〇月五日夕刊）。

猛獣処分は、都制実施後に進められた防空強化策の一環である。それ自体が空襲に備えた事前措置であったが、その注目度から広く国民に対し、防空の必要性を認識させ、さらには防空を含めた戦争全般へのいっそうの協力と献身（「殉難」と「捨身」）を求めるためにも利用された。

緊急避難

前述のように、一九四三（昭和一八）年六月以来、東京都は家庭や道路・空地などに「待避所」をつくらせたが、一〇月からは、より堅固で規模も大きな横穴式防空壕の整備も勧奨《かんしょう》するようになった。一九四四年一月には、「東京市町会用防空壕助成規程」を「東京都横穴式防空壕助成規程」と改め、町会に横穴式防空壕の築造を促した（東京都編『東京都戦災誌』）。

空襲時の水道破壊・水不足を想定し、防火用水・飲料水を確保するための「防空井」の整備にも、さらに力が入れられることになり、一九四三年一一月一日には「東京都防空井整備要綱」と「東京都防空井助成規程」が施行され、隣組に必ず一つ、すみやかに防空井を掘ることが指示された（『都政週報』第一八号、一九四三年一一月一三日）。

そして東京都は、一一月から毎月一九日を「防空強化日」とすることにした。この日付は、半年前の五月一九日に、皇后が隣組防空群の訓練状況を視察したことにちなんでいる。実施区域は、都内各区と立川市で、当日は警戒警報発令下の心構えで生活し、防火器材・待避所・衛生資材・灯火管制用設備資材・防空服装などの点検と整備を実施することになった（『朝日新聞』一九四三年一一月四日夕刊）。

防空訓練にも、新たな動作が加わる。「緊急避難」である。一〇月一二日、警視庁は「隣組防空群人命救助および危難所脱出並に緊急避難指導要綱」を発表した（二〇一五年三月二八日、首都圏形成史研究会第九五回例会における西村健による報告「東京空襲における人的被害拡大要因の検討」）。緊急避難とは「空襲下、火災、家屋の倒壊、毒瓦斯《ガス》などの被害が発生し、隣組防空群必死の活躍も遂に功を奏せず、万策尽きたとき、やむを得ず空地その他安全な地域へ一時身を避けること」であった（『朝日新聞』一九四三年一〇月一三日朝刊）。人命を守る規定であったが、その定義からもわかるように、最後まで防空活動に努めたうえでのことであった。

評論家の伊藤整の一九四四年二月二二日の日記には、焼夷弾落下・消防・爆弾落下・待避・緊急避難を行なう防空訓練の様子が記されている。

久保田家に焼夷弾落下と想定し、初め二、三人の女性に屋内に空バケツで操作させ、次に屋外から水をかけ、次には隣家から水を運ぶ操作をし、その後爆弾落下、全員伏せをし、後久保田家夫人と幼児を避難させ、家を掘り出す操作のため、鋸《のこぎり》、鍬《くわ》等を持ち来る稽古《けいこ》をして止める（前掲『太平洋戦争日記』二）。

三月三日、赤十字博物館で開催されていた「必勝不敗新防空戦展覧会」の付帯事業として実施された講演で、警視庁防空指導第二係長が「空襲時の緊急避難」と題して話している。その中では緊急避難について「防空活動をしないならば、東京は悉《ことごと》く灰になつてしまひます。あくまでも緊急避難は、年寄り、子供、病人を中心にして行く、外の者は防空に精進する、これが大事です」、「唯《ただ》逃れるとか避難するとか云ふのでなく、最後まで闘つたが遂に罹災《りさい》し、危険が切迫して、災害現場から身を避けなければならない場合か、時限爆弾が投下された時に始めて行ふもの」、「緊急避難の訓練は新しく行ふ訓練で、動《やや》もすれば災害から逃げると云ふ様に誤解され易い」などと説明されていた（『赤十字博物館報』第二八号、一九四四年一二月）。緊急避難を認めることで、防空活動がおろそかになることを恐れ、〝逃げるのではない〟ことが強調されている。

帝都防空本部と疎開

一九四三（昭和一八）年一一月には、防空事務の一元化のための機構改革が行なわれた。中央に内務大臣を長官とする防空総本部が設置され（勅令八〇六号）、東京には東京都と警視庁の防空に関する事務の調整統一のために、東京都長官を長官、警視総監と東京都次長を次長とする帝都防空本部が設置された（勅令第八三九号）。帝都防空本部長官である東京都長官は、東京都および警視庁所管の防空に関する事務の調整統一上、必要あるときは、警視総監に対して「指示」を行なえることになった。

一二月二一日には、政府は「都市疎開実施要綱」を閣議決定し、一九四四年一月に内務省告示により、東京ほかで建物疎開の地区指定が行なわれた。三月に「一般疎開促進要綱」が閣議決定され、その別紙「帝都疎開促進要目」では、七月末までに約五万五〇〇〇戸の除却を完了することを目途とし、強く促進をはかることとされた（前掲『東京大空襲・戦災誌』三）。東京の建物疎開は四次にわたって実施され、市街地を区切る防火帯、軍需工場や主要駅の周囲の空地、住宅密集地内の小空地が設けられた。

建物疎開の実施プロセスは以下のようである。まず疎開区域内の住民に説明会を開き、期限までに立ち退きを求める。土地・建物は都が買い上げる（建物は自分で移築することもできる）。都が買い上げた建物については、都が委託した団体や都の直営により、除却工事が実施される。

人手不足の中、工事には家屋解体業者や大工・鳶《とび》などの専門業者のほか、学徒・警防団・町会なども動員された。人員の動員は延べ六六万五〇〇〇人に及んでいる。物不足の折から、解体された建物の資材のうち再利用できるものは利用し、廃材も燃料とした。こうして五万八五〇〇余世帯が立ち退きを余儀なくされた（前掲『東京都戦災誌』、川口朋子『建物疎開と都市防空』）。

都長官が訴える疎開への協力

一九四四（昭和一九）年三月四日、東京都長官の大達茂雄は「帝都の疎開について」と題し、全国にラジオ放送を行なった。東京の疎開は、東京都だけでなく、疎開者を受け入れる地方の理解と協力を必要としたからである。放送と同内容の文章が、『都政週報』第三四号（一九四四年三月一八日）に掲載されている。その要旨は次のようである。

大達は〝戦局は刻々と切迫し、すでに敵の本土空襲も可能となっている〟としたうえで、かつて帝都に襲来した大惨害として一九二三（大正一二）年の関東大震災を挙げ、大規模空襲と比較する。〝第一に今日の東京は震災当時に比べて約二倍に膨脹している。次に空襲は一度では済まず、執拗に反覆繰り返される。さらに災害に対処していくだけでなく、惨禍と闘いつつも渾身《こんしん》の力を奮って宿敵を撃滅し、断じてこの戦に勝たねばならない。その他いろいろの点からみて、我々東京都民の立場は、震災時の東京市民の場合と比べて、数倍、数十倍の悪戦と苦闘を覚悟しなければならない〟という。

しかし、大達によれば、ただ一つ好条件があるという。「それは震災が不意討であつたに反し、空襲は予期せられた事実であるといふ一点であります」。このよい条件を存分にいかし、「空襲に備へて、心構へに於ても、亦あらゆる準備に於ても、懸命の努力を以て万全を期することは、今や我々都民に課せられたる最も重大なる使命であります」。そのもっとも重要なものの一つが「疎開」である、として理解と協力を求めた。

　そして東京都の疎開事業として〝建物疎開については、すでに渋谷駅前をはじめとして建物の取り壊しをなしつつあり、さらに大規模、急速強力に施行する必要があること〟〝人員疎開についても、すでに区役所窓口で発給した地方転出証明書は数万件に上り、昨今では毎日二〇〇〇件以上、しかも連日その数を増していること〟を述べた。そして、〝人員疎開が防空活動の万全を期すために「帝都の戦場としての態勢を確立」しようとするものであることから、まずは老幼その他保護を要する者の疎開が緊要だ〟とした。

　建物疎開と人員疎開は、容易ならざる難事業であり、官民一体でとり組まねばならない。大達は都民に対して次のことを求めた。〝取り壊す家の数からいっても、時間的余裕からいっても、大工や鳶職などの専門家だけに頼れない。町会・翼賛壮年団《よくさんそうねんだん》・在郷軍人《ざいごうぐんじん》などの協力が必要である。地方転出者の家財の搬出についても、運送屋まかせにはできない。町会や隣組などで協力してもらいたい。疎開者も、何でもかんでも持って行くという考えを捨てて、家財の整理を断行してもらいたい〟。疎開者を受け入れる地方に対しては、〝疎開者への温情と交誼《こうぎ》、貸家・貸間の提供、縁故者の引き受け、疎開者の就農促進、住宅の提供を願う〟とした。

　大達のいうように、震災と違って空襲は予期でき、備えることができるものではあった。

そして帝都防衛には、東京以外の地域の協力が必要だった。

建物疎開の様子

建物疎開（図14）は急ぎ進められた。蒲田《かまた》区（現在の大田区南部）の東急目蒲線《めかません》矢口渡《やぐちのわたし》駅近くの借家に住んでいた、当時一五歳だった児童文学作家の岡野《おかの》薫子《かおるこ》は、一九四四（昭和一九）年四月に建物疎開の地区指定を受けた。五月中に引っ越さなければならなくなったが、岡野家は引っ越し先がなかなか決まらなかった。近所の人たちは次々いなくなっていった。大慌ての引っ越しで、箪笥《たんす》のような大きな家具は、そのまま家の中に置き去りにされていた。岡野家は、立ち退き期限ぎりぎりの五月末に引っ越した（岡野薫子『太平洋戦争下の学校生活』）。

当時、大森区（現在の大田区北部）に住む一一歳の少年だった作家の小関智弘《こせきともひろ》は、鳶の親方が「この節は、明けても暮れても、強制疎開のぼっこわし仕事ばかりだ。ずいぶんうだつのあがらねえ話じゃねえか。たまには新しい木の香も嗅いでみてえもんだぜ」と捨てぜりふのようにいうのを聞いている。捕虜収容所が置かれていた大森では、連合軍捕虜も除却作業に動員された。小関は、作業に従事する捕虜に差し入れをする庶民、捕虜に厳しくあたる監視役の姿を目撃している（小関智弘『東京大森海岸　ぼくの戦争』）。

アメリカ軍は六月一五日にサイパン島に上陸した。また同日深夜から一六日早朝にかけて、北九州が中国成都《せいと》の飛行場から飛来したアメリカの超大型爆撃機B29によって空襲を

図14　建物疎開の除却作業（川口朋子『建物疎開と都市防空』京都大学学術出版会，2014年）

受けた。一九四二年四月のドーリットル空襲以来の、そしてB29によるはじめての本土空襲であった。こうした状況下、七月末の期限に向けて、建物疎開はいっそうのスピードアップが求められた。そのため特別な道具を使わずに、技術や経験のない者でも除却作業ができるよう、資材などの再利用を諦め、建物を壊すことを優先するようになっていった。

当時、東京医学専門学校（現在の東京医科大学）の学生で、南千住《せんじゅ》駅周辺の常磐線沿いの除却作業に動員された作家の山田風太郎《ふうたろう》は、七月一日の日記にこう書いている。

それからみんなあばれ出した。道具といって金槌《かなづち》一つを与えられたわけでなし、ただ肉弾のみでやっつけろということで、しかたがないが、ていねいに壊せばまだ色々用途もあろうと思われる戸、板、襖《ふすま》、柱などメチャクチャに叩き壊す。都の方でも、まず壊すことが最大かつ緊急の目的なので、いかに荒れ狂ってみても天下御免である。

天下御免で一市街ブチ壊すなんて、夢にも思わない果報だとばかり、みなよろこんでイヤ暴れるの何のといったら、壁は蹴りまくって穴をあける。閾《しきい》をはずしてブンブン振り廻す。果てはお調子者が屋根に飛び上って音頭《おんど》をとり、数十人力を合わせて家一軒を押し倒してしまった。流れる汗、朦々《もうもう》たる埃《ほこり》の中に荒れ狂う連中の一過したところ、みるみる一帯は惨澹《さんたん》たる廃墟と化してしまった（山田風太郎『戦中派虫けら日記』）。

人員疎開とサイパン失陥

建物の疎開が強制的に実施される一方で、人員の疎開は「勧奨」によるものとされた。人員疎開の対象は、建物疎開により住居を失った者、防空活動に従事できない老人や子どもなどで、縁故先への引きとりを促すこととしていた。このうち特に、次代を担う子どもたちの疎開に力が入れられた。一九四四（昭和一九）年三月に閣議決定された「一般疎開促進要綱」を受け、東京都は国民学校初等科（現在の小学校にあたる）児童の疎開に着手し、学校を通じて学童の縁故疎開を勧奨した。縁故疎開した児童は五月末に一〇万六〇〇〇人で、児童総数約八〇万人のうちの一三％であった。

六月三〇日には「学童疎開促進要綱」が閣議決定された。縁故疎開をいっそう強く進めるとともに、縁故疎開ができない東京の学童（初等科三年以上六年までの児童）については、「帝都学童集団疎開実施要領」により、集団疎開を勧奨することとした（逸見勝亮『学童集団疎開史』、前掲『東京大空襲・戦災誌』三）。集団疎開の対象を三年から六年までに限った理由は、まだ自分だけではできないことが多い一、二年生に対しては少人数の教員では手が回らないからであった。学童集団疎開は八月から実施され、その数は九月には約二〇万人になった。疎開先は、長野・静岡・福島・群馬など東日本各地に及び、宿舎は旅館や寺院などが用いられた（前掲『東京都戦災誌』）。

一九四四年七月七日、サイパン島の日本軍は最後の攻撃を行ない、全滅した。サイパン失陥の責任を問われて東条英機内閣は総辞職し、七月二二日に小磯国昭《こいそくにあき》内閣が成立した。東京都長官の大達茂雄は内務大臣として入閣し、後任の都長官には陸軍軍人（予備役陸軍大将）の西尾寿造《としぞう》が任命された。

サイパンをはじめとするマリアナ諸島がアメリカ軍の手に落ちたことで、東京もB29の爆撃圏内に入った。本格的な空襲が始まるのは一九四四年一一月のことである。

帝都空襲

本格的な空襲の始まり

敵機を迎える態勢

一九四四（昭和一九）年九月二七日には、警視庁官制が改正され、東京都長官は防空に関する事務について、警視総監を「指揮」できることになった（勅令第五六二号）。それに合わせて帝都防空本部も改組された。空襲の直前で、帝都における「国民防空」の一元化が実現した（前掲『東京都戦災誌』）。

警視庁の人員（実員）も増員された。警察官については、一九四三年から一九四四年にかけて三一五二人の増員が行なわれ、二万一八五六人となった。消防官は、一九四三年から一九四四年にかけて四二八五人の増員が行なわれ、一万〇三九四人となった（前掲『警視庁史』昭和前編）。しかし、この数字には召集を受け軍隊に入っている者も含まれていた。一九四五年一月には、警防団員や学生の中から「特別消防員」を選び、消防職員に準じて消防に従事させた。彼らが、東京都下の約一〇万五〇〇〇人（一九四四年四月）の警防団消防部員とともに、一般市民から成る隣組防空群を指導して空襲火災に立ち向かうことになった。

組織力も強化された。一九四二年一一月に皇居や中央官庁の消防を担当する特別消防隊、一九四三年九月に破壊消防隊が設置された（前掲『東京の消防百年の歩み』）。一九四四年四月、空襲その他の非常時の警備に従事する、警視庁警備隊が設置された。要員は隊長以下二五五〇人であった。前述の特別警備隊が発展・強化されたものである（前掲『警視庁史』昭和前編）。

ポンプについては、新規製造や、比較的空襲の危険性が低い地方からの供出を受け、ポンプ車と手引きガソリンポンプの増強がなされた（前掲『東京の消防百年の歩み』）。

爆弾から市民を守る防空壕《ぼうくうごう》については、一九四四年七月に東京都は、横穴式防空壕の建設を進めるため、出先機関として防空壕建設事務所を設置した。すでに行なっていた町会への助成金交付に加え、同事務所自ら建設にあたるほか、町会や隣組の横穴式防空壕建設を支援することになった（前掲『東京都戦災誌』）。しかし、崖地《がけち》を利用する横穴式は、建設場所が限られていた。低く平らな下町地区には適当な崖地はほとんどなかった（青木哲夫「日本の防空壕政策」）。また、六月の北九州空襲の経験から、横穴式防空壕以外のものには、上部を覆う掩蓋《えんがい》をつけるよう指導がなされた（前掲『東京都戦災誌』）。

帝都における軍防空の状況

一九四四（昭和一九）年二月から関東地区の防空兵力の増強が行なわれた。三月、陸軍は第一七飛行団を第一〇飛行師団に新編、海軍も第三〇二航空隊を新設した。東部高射砲集団でも部隊の増強が進められ、一二月にそれに応じて司令部機能が強化され、高射第一師団に再編されることになる（前掲『戦史叢書　本土防空作戦』）。

五月には、防衛総司令部、東部・中部・西部の各軍司令部が臨時動員され、作戦軍的な性格が付与され、防衛総司令官の隷下《れいか》で各軍と第一〇飛行師団などが、防空を主とする防衛作戦を担当するようになった。サイパン失陥後は、米軍の本土上陸に備えて、沿岸部の築城も始められた。東部軍は九月上旬ごろから工事に着手し、一〇月下旬から、九十九里浜《くじゅうくりはま》・鹿島灘《かしまなだ》・相模湾《さがみわん》の各方面で陣地工事を開始した（防衛庁防衛研修所戦史室『戦史叢書　本土決戦準備〈一〉関東の防衛』）。

マリアナ基地から日本本土に来襲するB29は、まず父島・母島・硫黄島《いおうとう》など、小笠原《おがさわら》諸島の電波警戒機（レーダー）や対空監視哨《たいくうかんししょう》（人の目と耳）で、そのうち関東に向かうものは八丈島《はちじょうじま》の電波警戒機で捕捉された。つづいて伊豆の下田《しもだ》、千葉の白浜《しらはま》・銚子《ちょうし》などの電波警戒機、上空に待機する哨戒機《しょうかいき》、各地に置かれた対空監視哨によって追跡された（第

一復員局『本土防空作戦記録』〈関東地区〉、前掲『東京大空襲・戦災誌』三所収)。

マリアナ基地からのB29の東京来襲は、一一月一日、一機の偵察から始まった。高度は一万メートル《メートル》以上であった。日本軍機はエンジン技術が未熟なため、高高度ではエンジンの出力が落ちてしまう。ほとんどの高射砲も射程外であった。しかし、少数機とはいえ、敵機が帝都上空を自由に飛び回ることを許すわけにはいかなかった。

そこで一一月七日、第一〇飛行師団では、体当たり攻撃を行なう特別攻撃隊(特攻隊)を組織した。日本軍機の高高度性能の欠陥を補うため、機体の徹底した軽量化が図られ、それは機銃などの武装の取り外しにまで及んだ。その結果、体当たり以外に攻撃方法がなくなったのだ(前掲『戦史叢書　本土防空作戦』)。この特攻隊はのちに「震天隊《しんてんたい》」と命名される。

本格的な空襲の始まり

十分な偵察の後、米軍は一一月二四日から編隊による空爆を開始した。このときの米軍の第一目標は、中島飛行機武蔵《むさし》製作所(現在の武蔵野市に所在)であった。サイパン島から出撃したB29は一一一機で、そのうち、八八機が目標上空に達した。しかし、二四機が武蔵製作所を爆撃したところで、雲により視界がさえぎられてしまったため、残りの六四機は第二目標の東京市街地と港湾地区を爆撃した。第二目標として指定された地域は、翌年三月一〇日の空襲(東京大空襲)で被災することになる地域とほぼ同じであった。

一一月二七日にも米軍は中島飛行機武蔵製作所をねらったが、上空が雲に覆われていたために、B29は一機も武蔵製作所を爆撃することなく、五〇機が第二目標の東京市街地と港湾地区を爆撃した。二九日深夜から三〇日未明には、はじめての夜間爆撃が、東京市街地と港湾地区を第一目標として、三〇機のB29によって行なわれた。東京市街地と港湾地区を爆撃する場合、産業施設をねらうことになっていたが、たとえ産業施設をねらったとしても、爆弾を正確に目標に落とすことは技術的に不可能であったし、適当な目標がみつからなくても投弾した。さらに、爆弾は指定地域外にも落ち、被害は東京の広範囲にわたった。すでに事実上の無差別爆撃が始まっていた。東京は戦場になった（楢崎茂彌「マリアナからのB29日本本土初空襲（一九四四・一一・二四）の作戦任務報告書」、NHKスペシャル取材班『ドキュメント東京大空襲』、前掲『戦史叢書　本土防空作戦』）。

その後、東京では、昼間に行なわれる中島飛行機武蔵製作所を第一目標とした爆撃と、夜間の少数機による爆撃がつづいた。

日本側は、一一月二四日に五機のB29を撃墜したと認識していたが、実際に米軍が失ったのは二機であった。このうち一機は、特攻隊の体当たりによるものである。二七日の空襲では雲にはばまれ、日本軍の飛行機と高射砲は有効な攻撃ができなかった。三〇日も、夜間、しかも厚い雲に覆われ、雨さえ降り出す悪天候の中、同様であった。米軍は、雲上からレーダーを用いた爆撃を行なっていた。飛行機、そして電波兵器の性能、日米の戦力差は明らかであった（前掲『戦史叢書　本土防空作戦』）。

空襲下の人びとの生活と意識

作家の高見順《たかみじゅん》は、一九四四年六月終わりから陸軍報道班員として中国に派遣され、一二月に帰国した。サイパン島の陥落前、建物疎開の進む中、日本を離れ、本土空襲が本格化する時期に戻ったのである。

高見は、留守にしていた半年間の東京の変わりように驚いた。夜は厳しい灯火管制《とうかかんせい》により屋外は真っ暗で、駅構内も電車も暗い。防空頭巾《ずきん》を被って街を歩く人たちがいる（一九四五年一月五日・九日、高見順『高見順日記』三）。一九四五年一月一〇日の日記に、高見は「去年半年の変化は凄い」と記した。

〔自宅のある鎌倉から列車で東京へ向かう途中〕蒲田《かまた》から先は、線路の両側が、家がすっかり取り払われている。強制疎開だ。無慙《むざん》な姿である。自分のこの半年の留守中の出来事だ。はじめて見たときは眼を丸めた。無慙さが強くきた。が今は、これで東京も生れ変るのだという脱皮感がきた。

高見が通った大森《おおもり》の飲み屋街も、新橋のカフェーも寿司屋も消滅していた。高見は「この消失した思い出の場所の地図」をつくっておこうと思った。「銀座もこの半年で急変した」。午後の銀座で茶でも飲もうとして店を探すが、「いずれも事務所に変ったり、店を閉じていたりして、なかなか見付からぬ」。ようやく古い食堂で食事をとり、外へ出ると、もう暗く、人通りもまばらになっていた。歩いて東京駅に行き、五時五五分の熱海行きに乗り、家路についた。汽車が有楽町あたりへ来ると、銀座の方の真っ暗なビルの上に何かキラキラ光っているのが高見の眼を射った。

読売の電光ニュースだ。以前は周囲が明るかったため、電光が今のように強くは感じられなかった。今はどこもかしこも真くらだ。こんな真くらな街のなかで果して電光ニュースを見ている人があるのだろうかと思う。以前は六時といえば銀座の出盛りの頃だったが、今はほとんど人がいない。

連日の空襲に人びとは疲れてきた。次は自分の住む街がやられるかもしれない。夜間、たとえ少数機であっても安眠できない。

外交評論家の清沢洌《きよさわきよし》は、一九四五（昭和二〇）年一月一日の日記に「日本国民は、今、初めて「戦争」を経験している」と書いた（橋川文三編・清沢洌著『暗黒日記』三）。

作家の山本周五郎は、一月三日の日記に「現在東京にいる者で「自分の上には絶対投弾されない」と盲信する人間と「こんどは自分の上に落ちる」と考える者とが半々である、前者は少数機時には寝ているし、後者は逃げ出して了《しま》う」（山本周五郎『山本周五郎戦中日記』）と記している。

東京上空の空中戦

一九四五年一月九日、B29と日本軍機の戦闘が昼間、都心上空で行なわれ、多くの人がそれを目撃し、翌日の新聞にも写真付きで報じられた。『朝日新聞』一九四五年一月一〇日朝刊の「あゝ神鷲《かみわし》の体当り／帝都上空、火を噴くB29の断末魔」〔図15〕では次のようである。

〔前略〕敵の高度は約八千か。さらにそれより高い空間にキラリと何か光り、光つたものは白刃のやうに右最後尾のB29へ突刺さつた。あきらかに待ちかまへてゐた味方機だ。

敵機がグラリゆらいだと感じた次の瞬間、四本の飛行機雲〔B29の四つのエンジンから後を引いている雲〕に加へてそれよりも三倍も長い不規則な白煙が噴き出した。命中だ。必中の体当りを敢行したわが神鷲〔特攻隊のこと〕が、火をふきだしたのであろう。次第に大きい赤いかたまりとなつておちてゆくのである。あゝ神州護持、至高の実践――。

熱涙にうるむわれらの瞳の中に、次第に脱落しつゝもなほ東方海上への遁走《とんそう》をあせる敵機、それへ噛《か》みつくやうに復仇《ふっきゅう》の弾丸をぶち込んでゐるらしい味方機が三機、四機、目に映つた。

第一〇飛行師団長の吉田喜八郎《きはちろう》は、この日の日誌に、特攻隊の敢闘が目覚ましく、「世人に帝都防空陣地健在なりとの安心感を与へ得た」と記した（前掲『戦史叢書　本土防空作戦』）。

警視庁所属のカメラマン石川光陽《こうよう》は、多くの人たちとともに、手に汗を握り、固唾《かたず》を呑んで空中戦を見守っていた。体当たりを目撃して、「おゝなんという壮烈な光景であろう。よくぞやって下さった」「私はその体当りをした瞬間思わず頭をさげ、黙禱《もくとう》した。恐らくこの状況をみていた多くの人達も同じ悲痛な思いであった事と思う」と記した（松尾公就「石川光陽筆『大東亜戦争と空襲日記』（1）」）。傷ついたB29はその後、墜落する。しかし、

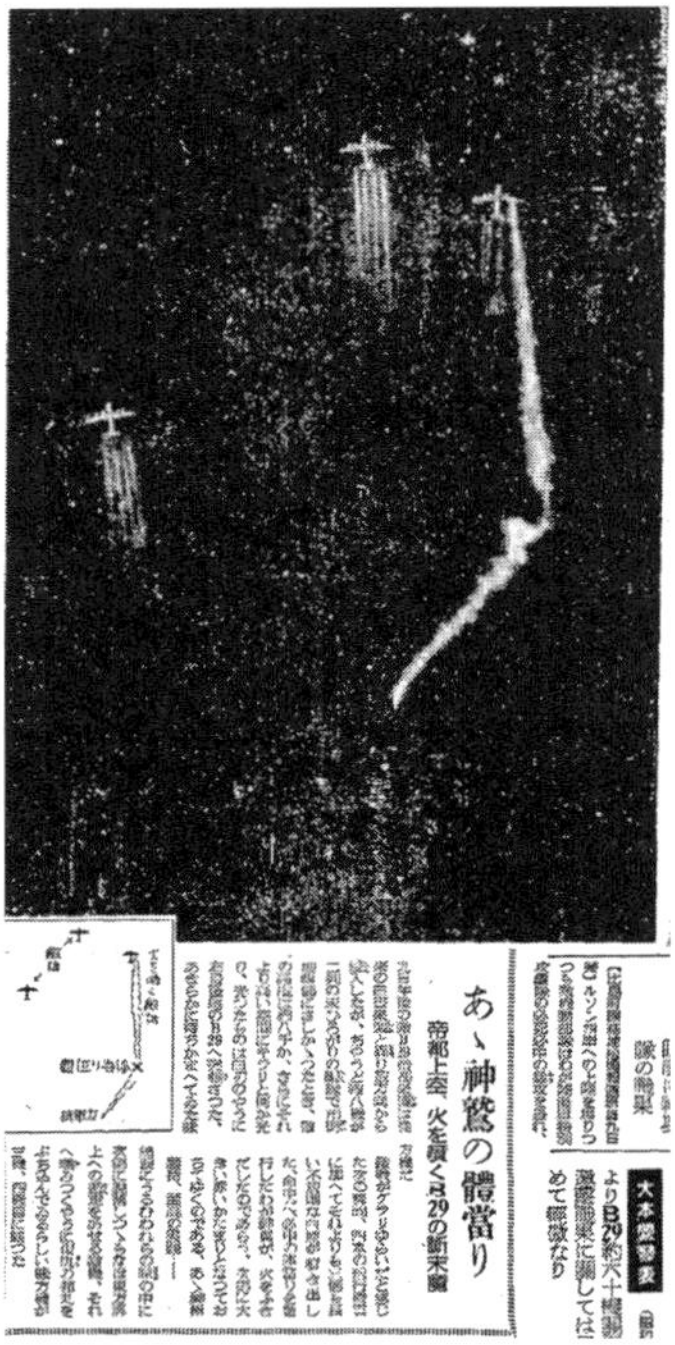

図15　1945年1月9日，東京上空の空中戦（『朝日新聞』1945年1月10日朝刊）

新聞記事にもあるように、市民の視界からは飛び去った。作家の一色次郎《いっしきじろう》は、「失望」を禁じ得なかった。B29の姿があまりにも立派なので、日本軍の戦闘機が迎撃する様子は、「ウシの足もとをネズミが這《は》いまわっているようにしか見えなかった」。「若い一人の青年の命と、新しい双発の戦闘機一台を犠牲にして、たったあれだけか。そんな失望に、私たちの顔がみじめに歪《ゆが》んだのである」（一色次郎『東京空襲』）。

当時、一五歳でのちに作家となる半藤一利は、「都民は眼《ま》の当たりに戦争の無残さ、空しさを感じさせられました。日本機は墜落し、敵機は飛びつづけた。人間の生命《いのち》のなんというはかなさよ、わたくしはそのことを痛感しました」と述べている（半藤一利『15歳の東京大空襲』）。

東京における空襲判断と防空活動

情報局編集の『週報』第四二八号（一九四五年一月一〇日）は、「防空決戦」号として編集されている。政府・軍部の防空関係者と、実際に東京で空襲を体験した防空従事者を集めた「決戦防空座談会」の速記をもとにした記事であった（図16）。

はじめに、これまでの敵の空襲を手がかりに、今後の空襲判断がなされた。敵は「戦争遂行に最も必要な生産部面、特に工場方面」への攻撃を行なうとともに、その間に「国民

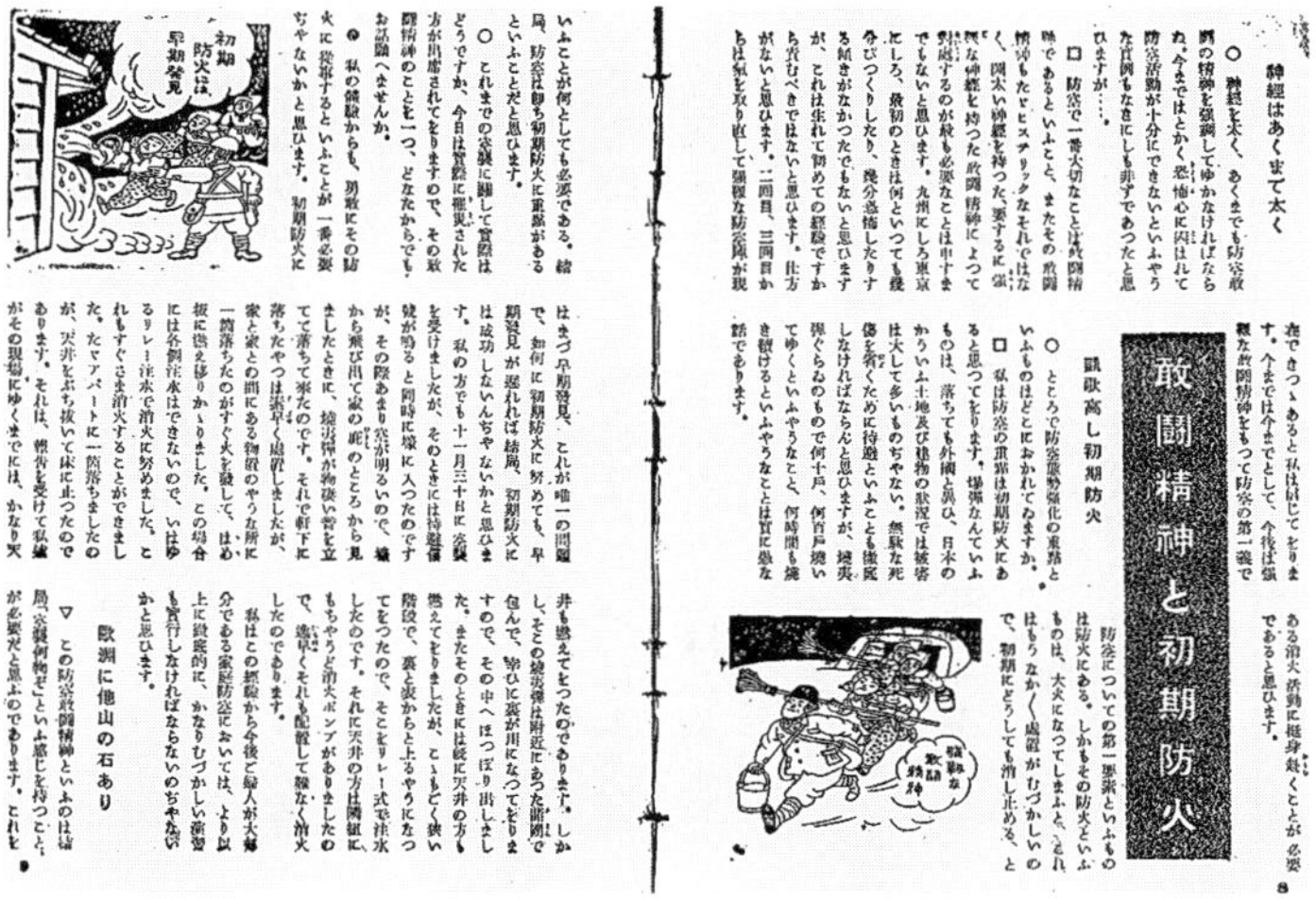

神經はあくまで太く

○ 神經を太く、あくまでも防空敢闘の精神を強調してゆかなければならぬ。今まではとかく恐怖心に囚はれて防空活動が十分にできないといふやうな實例もなきにしも非ずであつたと思ひますが……。

□ 防空で一番大切なことは敢闘精神であるといふこと、またその敢闘精神もたゞヒステリックなそれではなく、図太い神經を持つた敢闘精神、要するに強靭な神經を持つた敢闘精神によつて對處するのが最も必要なことは申すまでもないと思ひます。九州にしろ東京にしろ、最初のときは何といつても幾分びつくりしたり、幾分恐怖したりする傾きがなかつたでもないと思ひますが、これは生れて初めての經驗ですから責むべきではないと思ひます。仕方がないと思ひます。二回目、三回目からは氣を取り直して強靭な防空陣が現在できつゝあると私は信じてをります。今までは今までとして、今後は強靭な敢闘精神をもつて防空の第一義である消火活動に挺身赴くことが必要であると思ひます。

敢闘精神と初期防火

凱歌高し初期防火

○ ところで防空態勢強化の重點といふものはどこにおかれてゐますか。

□ 私は防空の重點は初期防火にあると思つてをります。爆弾なんていふものは、落ちても外國と異ひ、日本のからいふ土地及び建物の状況では被害は大して多いものぢやない。無駄な死傷を省くために待避といふことも徹底しなければならんと思ひますが、焼夷弾ぐらゐのもので何千戸、何百戸焼いてゆくといふやうなこと、何時間も焼き續けるといふやうなことは實に恥な話であります。

防空についての第一要素といふものは防火にある。しかもその防火といふものは、大火になつてしまふと、それはもうなかなか處置がむづかしいので、初期にどうしても消し止める、といふことが何としても必要である。結局、防空は即ち初期防火に重點があるといふことだと思ひます。

8

○ これまでの空襲に鑑して實際はどうですか、今日は實際に罹災された方が出席されてをりますので、その敢闘精神のことを一つ、どなたからでもお話願へませんか。

● 私の體驗からも、勇敢にその防火に從事するといふことが一番必要ぢやないかと思ひます。初期防火にはまづ早期發見、これが唯一の問題で、如何に初期防火に努めても、早期發見が遅れれば結局、初期防火には成功しないんぢやないかと思ひます。私の方でも十一月三十日に空襲を受けましたが、そのときには待避信號が鳴ると同時に壕に入つたのですが、その際あまり空が明るいので、壕から飛び出て家の庇のところから見ましたときに、焼夷弾が物凄い音を立てて落ちて來たのです。それで軒下に落ちたやつは素早く處置しましたが、家と家との間にある物置のやうな所に一箇落ちたのがすぐ火を發して、はめ板に燃え移りかゝりました。この場合には各個注水はできないので、いはゆるリレー注水で消火に努めました。これもすぐさま消火することができました。たゞアパートに一箇落ちましたのが、天井をぶち抜いて床に止つたのであります。それは、報告を受けて私達がその現場にゆくまでには、かなり天井も燃えてをつたのであります。しかし、その焼夷弾は附近にあつた蒲團で包んで、幸ひに裏が川になつてをりますので、その中へほつぽり出しました。またそのときには既に天井の方も燃えてをりましたが、ちやうど狭い階段で、裏と表からと上るやうになつてをつたので、そこをリレー式で注水したのです。それに天井の方は隣組にもちやうど消火ポンプがありましたので、逸早くそれも配置して難なく消火したのであります。

私はこの經驗から今後ご婦人が大部分である家庭防空においては、より以上に積極的に、かなりむづかしい訓練も實行しなければならないのぢやないかと思ひます。

歐洲に他山の石あり

▽ この防空敢闘精神といふのは結局、「空襲何物ぞ」といふ感じを持つこと、これが必要だと思ふのであります。これを

図16　「敢闘精神と初期防火」（『週報』428号，1945年１月10日）

の生活を破壊し、精神的に脅威を与へるゲリラ的な戦法」をとると予想された。

そして、東京を中心とする東部軍管区の空襲は次のように判断された。

敵の今までにやつて来たのをみますと、そして準備をして十一月の初めから偵察をやつた。昨年十一月の初めから偵察をやつた。十機ばかりで、二十七日に約四十機、二十九日、三十日と二次に亘つて約二十機でやつて来、十二月の三日には再び昼間七十機ばかりでやつて来たのでありますが、十二月の三日に手痛い打撃を受けると、その後はときどき昼間の空襲をやるほか、しきりに夜間に一機、二機のゲリラ攻撃を始めました。これは一面、神経戦を狙ふと同時に、

敵は夜間爆撃のための偵察、訓練をやつてゐるとみられるので、そのうちに相当纏《まと》まつた夜間の空襲があるのぢゃないかといふふうに考へます。

つづいて防空については「防空で一番大切なことは敢闘精神である」「防空の重点は初期防火にある」「初期防火にはまづ早期発見」と改めて原則が確認された。そして、「とにかく焼《しょう》夷《い》弾《だん》なんか絶対怖くないものであるといふことを各人が認識して貰ひたい」「〔焼夷弾による火災は〕非常に火の廻りが早いので、一秒でも早く壕から飛び出して初期防火に当るといふことが最も大切である」「必ず自分の家の消火し易い場所に待避所を造つて、あくまでも初期防火第一、初期防火のために一時待機する所であるといふ意味において、待避所を造る場所なり向きなりを考へて貰ひたい」と、焼夷弾に対する初期防火の重要性が強調された。さらに、「防空壕を掘れ、待避所を造れといふことを非常に喧《やかま》しくいつたので、待避といふことばかりが徹底してしまつたので、今ではむしろ出て働くといふことを強調しなければならん位に思つてゐます。我々はいま、火を消すためには待避してはいかんといふところまでいつてゐます」と述べられている。

このように現実の空襲を前にして〝消火のために待避するな〟という方針への揺り戻しの中、人びとは本格的な空襲を迎えるのである。

東京大空襲

銀座の空襲

一九四五（昭和二〇）年一月二七日の午後、銀座を中心とする地域が空襲を受けた（図17）。アメリカ軍の第一目標は中島飛行機武蔵製作所であったが、悪天候のために、第二目標として東京市街地が爆撃されたのである（小山仁示訳『米軍資料　日本空襲の全容』、前掲『戦史叢書　本土防空作戦』）。

評論家の伊藤整は、仕事で銀座にいて空襲に遭遇した。その日記によれば、敵機が去った後、伊藤は街に出た。煙と火がみえたので火元の方に歩いて行った。割れたガラスの破片が一面に散らばり、歩くと「ざくざく」と鳴った。火元に近づくと、死人やけが人が運び出されて来るのがみえた。「見物」の気持ちで歩いてきた伊藤も、それをみて「怖ろしい惨事がいま起こっているのだ」と気づき、引き返し、家に帰った。銀座などの中心市街

図17　銀座鳩居堂前の火災（早乙女勝元監修／東京大空襲・戦災資料センター編『決定版 東京空襲写真集』勉誠出版，2015年，撮影 石川光陽）

地が爆撃されたことから、伊藤は考えた。

これまでの五、六回の大爆撃では、東京市内を狙ったのは十一月末頃の神田日本橋を夜間空襲した時のみであり、外は昼間に荻窪《おぎくぼ》や吉祥寺《きちじょうじ》の中島工場をのみ狙っているのであったが、その後最近の数回は名古屋や大阪地区を狙っていた。そして今日久しぶりでの東京来襲では敵は方針を変えて市内爆撃を始めたのだ。これは敵としては至当のことで、これから強い北風が吹く時期であり、ふだんの年でも一番雨量が少くて乾き切っている大火事の多い季節なのだ。

こんな調子で夜間に数十機で空爆されたら東京市内は数回にして大半焼け落ちるのではないかと思う（前掲『太平洋戦争

図18　日比谷公園に展示されたB-29の残骸と三式戦闘機「飛燕」（撮影 菊池俊吉）

日記』三）。

伊藤の懸念は現実となる。この日の空襲の死者は五三九人に上ったが（「東京空襲一覧」早乙女勝元監修／東京大空襲・戦災資料センター編『決定版 東京空襲写真集』）、被害の詳細は報道されなかった。しかし、空襲時に銀座には多くの人がいたし、さらに数日後、被災地への立入禁止が解除されると、多くの見物人が訪れた。東京の中心部が空襲によって破壊されたことは、人びとに大きな衝撃を与えた（ロベール・ギラン著、根本長兵衛・天野恒雄訳『日本人と戦争』）。

二月一日から日比谷公園で、前年一二月二七日に撃墜されたB29の残骸が、組み立てられて展示された（『朝日新聞』一九四五年一月三一日朝刊）。一二月三日に迎撃にあたった日本の戦闘機「飛燕《ひえん》」も並んで展示されていた（図18、平和博物館を創る会編著『銀座と戦争 増補版』）。二月八日、高見順は、銀座の空襲被災地をみた後、日比谷公園にB29をみに行き、「今さらながら大きいのに驚く。一緒に日本の戦闘機が出してあったが、今さらながらその小さいのに驚いた」と日記に記している（前掲『高見順日記』三）。

艦載機による空襲と硫黄島の戦い

一九四五（昭和二〇）年二月、東部・中部・西部の各軍司令部が閉鎖された。そして、新たに作戦に専念する第一一（東北）・第一二（関東）・第一三（東海）・第一五（中部）・第一六（西部）の五つの方面軍、それとは別に軍政業務や管区防衛などを担当する東北・東部・東海・中部・西部の五つの軍管区司令部が設置された。ただし、方面軍司令部と軍管区司令部の幹部は兼任であり、また、各方面軍の作戦地域と軍管区の地域も同一とされ、一体的な運用がなされた。要するに制度上、作戦とそれ以外の業務を区分し、米軍の本土進攻に対する本格的な準備に入ったのである。関東地方を担任するのは、第一二方面軍と東部軍管区司令部である。近衛《このえ》第一師団長は、東部軍管区司令官に隷することになった（前掲『戦史叢書 本土決戦準備〈一〉関東の防衛』）。

二月一六、一七日、関東地方は、アメリカ軍空母からの多数の艦載機《かんさいき》によって繰り返し空襲を受けた。攻撃されたのは、各地の飛行場と、中島飛行機太田《おおた》製作所（現在の群馬県太田市に所在）・同武蔵製作所であった。日本軍は、それでなくとも不足している航空戦力の消耗を防ぐため、敵の中型機・小型機との戦闘を避ける方針をとり、一七日の戦闘では、出動機数を制限せざるを得なかった（前掲『戦史叢書　本土防空作戦』）。

多数の艦載機による空襲が二日間にわたって行なわれたことは、本土近くに大規模な米空母艦隊がいるにもかかわらず、それへの有効な対処ができないことを意味していた。日本の劣勢は、国民に隠しようがなかった。

この攻撃は、米軍による小笠原諸島硫黄島攻略作戦の一環であった。二月一九日、米軍は硫黄島への本格的上陸を開始した。小笠原諸島は、Ｂ29の基地のあるサイパンなどと東京のほぼ中間点に位置している。硫黄島の面積は約二〇平方㌔にすぎないが、小笠原諸島では父島・母島と並ぶ比較的大きな島である。そして他の島々と異なり、平坦な部分が多く、飛行場が三つあった。

日本軍は、硫黄島を中継基地として、マリアナの米軍基地に対する攻撃を行なっていた。また、硫黄島から伝えられる米軍機に関わる情報は、本土防空上も重要であった。逆に、硫黄島の飛行場を米軍が手に入れれば、航続距離の短い戦闘機も、日本本土空襲に参加させることが可能となり、Ｂ29を護衛できる。日本軍の攻撃により傷ついたり、故障や燃料不足などを来《きた》してマリアナ基地まで飛べなくなったB29が、不時着することも可能になる。格段に日本本土への攻撃がしやすくなるのだ。

この小さな島をめぐって、戦史上に知られる激戦が展開されたのは、こうした戦略的重要性のゆえであった。日本軍は、小笠原兵団長の栗林忠道《くりばやしただみち》の指揮下、地下陣地に拠り頑強に抵抗をつづけた。米軍は思わぬ苦戦を強いられ、戦闘は三月下旬までつづいた（日本軍による最後の総攻撃は三月二五日夜）。

激しい戦闘がつづいている最中にも、米軍が確保した飛行場へのB29の不時着が始まっていた（防衛庁防衛研修所戦史室『戦史叢書　中部太平洋陸軍作戦〈二〉』）。

二月二五日、東京の天気は曇りから雪となった。午前の艦載機による空襲の後、B29の大編隊が侵入、午後三時前から約一時間にわたって、神田を中心とする地域が空爆された。東京市街地を第一目標とする、レーダーを使用した雲上からの爆撃である。日本の飛行機は悪天候のため出動できず、レーダー観測による高射砲の射撃のみによる戦闘となったが、米軍の記録によれば、日本軍の対空砲火は「貧弱で不正確」とされている（前掲『戦史叢書　本土防空作戦』、前掲『米軍資料　日本空襲の全容』）。死者は一九五人、罹災《りさい》家屋は約二万戸に上った（前掲「東京空襲一覧」）。

警視庁消防部は、大編隊による来襲に対して、現在の消防力では相当の被害が避けがたいため、大規模の防火帯を急速に設定することが極めて緊要であるとした（前掲『東京大空襲・戦災誌』三）。

三月一〇日の東京大空襲

三月一〇日、アメリカ軍は東京市街地を第一目標として焼き払う、これまでにない規模の空襲を決行する。進入高度はこれまでよりも低くした。そうすることで高空に吹く強風を避けられ、燃料も節約でき（その分、爆弾の積載量を増やせる）、ねらった場所に爆弾も投下しやすくなるからである。反面、日本軍からの迎撃を受けやすくなるという欠点もあったが、夜間攻撃とすることで補った。その他にも、より多くの焼夷弾を積める工夫をした（荒井信一『空爆の歴史』）。大量の焼夷弾を積んだ約三〇〇機のＢ29が参加したこの空襲こそ、「東京大空襲」と呼ばれるものである。

三月九日夜、千葉県勝浦《かつうら》南方に少数の敵味方不明機が確認され、二二時三〇分、警戒警報が発令された。夜間の少数機による来襲はよくあることであった。これらの少数機はやがて退去した。

この日は強い北風の影響で、電波警戒機はほとんど正常に作動しなかった。空中に張った電線の破損を心配し、取り外しを検討する状況だった（前掲『戦史叢書　本土防空作戦』）。また、いつもは約一万メートルの高度で侵入してくるＢ29が、三〇〇〇メートル以下の低空で侵入してきたことも、電波警戒機による捕捉を遅らせた（前掲『本土防空作戦記録』〈関東地区〉）。夜間だから目視も難しく、音のみの警戒となった。

日付が変わるころ、爆音を聴取したのは、房総半島南端の洲崎《すのさき》対空監視哨であった。B29は東京湾を北上してきたが、東京湾方面には照空隊の展開が不十分であった。第一二方面軍が洲崎監視哨からの情報を検討している間に、B29による空襲が始まった。空襲警報の発令は、その後だった。

高高度や夜間の戦闘能力で劣る日本軍の飛行機と高射砲も、低空を飛ぶB29に対しては、地上の火災による明るさも加わって、いつもに比べれば有利な条件で戦えた。しかし、高射砲陣地周辺でも大火災が発生した。やがて上空に大量の煙が漂い始め、光や視界はさえぎられ、戦闘は困難になった（前掲『戦史叢書　本土防空作戦』）。この日、米軍が失ったB29は一四機であった（前掲『米軍資料　日本空襲の全容』）。圧倒的な戦力差であった。

標的となった東京東部の下町地区では、大量の焼夷弾によって生じた同時多発火災が、強風に煽られて延焼、合流して巨大火災となった。

世田谷からその様子をみていた伊藤整は、しばらくみとれてしまった。そして思った。あの広大な燃える旧市内の中で、多くの人々の家庭が焼かれ、死人が出、人々が右往左往し、あらゆるものが灰燼《かいじん》となって行くのだ。東京は燃えている。これまで度々夜間の空襲はあったが、この三分の一、四分の一に当るほどの火災もこれまでには無かった。旧市内の大半がこの烈風の中で今焼けてしまおうとしているのにちがいない。子供たちを二階へ呼ぶのはどうかと思ったが、私はだまっていれなくなって、階下に声をかけた。

「おい東京が燃えているぞ、大火事だぞ。」（前掲『太平洋戦争日記』三）

火の海の中の人びと

攻撃を受けた下町地区では、隣組防空群や消防・警防団などによる消火が試みられた。しかし、強風下に大量の焼夷弾が投下された木造家屋密集地区で、火災の拡大を防ぐことなど不可能であった。人びとは火災から逃れるために避難した。地域一帯が火に包まれると、自宅や町会の防空壕から、より安全な場所をめざした。各地区の鉄筋コンクリート造の国民学校（現在の小学校）、公園、建物疎開でつくられた空地、以前の空襲の焼け跡などが避難場所になった。

火災のために、あたりは昼間のように赤く照らし出されていた。火災により気流が乱れ、風はいっそう強さを増した。熱風が荒れ狂い、人びとを襲う。風に向かってまともに歩けず、身につけていたものは吹き飛ばされた。焼けた板きれ・火の塊・トタン・荷物・砂が飛んでくる。垂れ下がった電線が足元を邪魔する。

道は逃げ惑う人と荷物でごった返していた。人びとは家から持ち出した荷物を、荷車やリヤカー・自転車に載せ、あるいは背中に背負っていた。こうした場合、持ち出した荷物が道を塞いだり、可燃物となったりすることは、関東大震災の教訓でわかっていたはずである。しかし、戦時下の物資不足の状況では、次にいつ手に入れられるかわからないものばかりだ。

火災が人びとの行く手を阻み、包囲する。空き地にいても、火の粉が飛んで来て、荷物・防空頭巾・髪・服に火が着く。だが、自分では気づかず消すこともできない。互いにもみ消し合う。水がある場所では互いに水を掛け合うが、すぐに乾いてしまう。まもなく荷物も人も、燃え上がる。「荷物を捨てろ」と声がかかる。トタンなどをかぶって、炎と熱を避けながら、身を低くして呼吸をし、周囲の火災が収まるのをじっと待つしかない。

鉄筋コンクリート造の建物でも、火にとり囲まれては安全ではなくなる。火や煙が内部に入り、人びとを襲った。地下式の防空壕も同様である。貯水池に入った人は、水深によっては溺死の恐れがあった。川や水路に逃れた人は、運がよければ舟や筏《いかだ》に乗れたが、そうでなければ水に漬かり、溺れたり、体温を奪われたりした。そして強風によって煽られた火の粉は、水面にも激しく吹きつけた。

鎮火は翌朝の午前八時ごろであった。一夜明けると、東京東部に焼け野原が広がり、死傷者があふれていた。死体は、白骨化したもの、黒焦げのもの、服や髪のみが焼けてしま

図19　東京大空襲における浅草の焼け跡（前掲『決定版東京空襲写真集』，撮影 石川光陽）

ったもの、服はそのままだが苦悶の表情を浮かべたもの、眠ったようなもの、水に漬かったもの、それぞれの場所の焼け方や死因を伝えていた。街に転がる死体を最初に遠目からみたとき、それが死体だと認識できず、たくさんのマネキンやキューピーが転がっているようにみえた人もいた。推定死者は一〇万人、罹災家屋は約二七万戸である（前掲『東京大空襲・戦災誌』一）。

戦時下、被害の具体的数字は公表されなかった。しかし、広大な地域が焼失したことは、隠しようがなかった（図19）。そして比較できるものがあった。作家の内田百閒《ひやつけん》は、「大正十二年の大地震の時よりは遙かにひどいと云ふ話」を聞き、「古い記憶」を蘇らせた。そして、「地震はその時だけですんだが、空襲はこれからまだ何度繰り返されるか解らない」（三月一一日の日記）と記した（内田百閒『東京焼盡』）。新聞報道でも、関東大震災の被害に匹敵するという表現がみられた。

さらに清沢洌のように、知人から被災地の一部の町会や隣組の死者数を聞いて、死亡率を推定し、全体の死者を「おそらく死者は十万人を超えていよう」（三月一六日の日記）と、ほぼ正確につかんだ者もいた（前掲『暗黒日記』三）。

空襲をめぐる帝国議会の議論

三月一四日、第八六回帝国議会貴族院本会議では、秘密会を交え、内務大臣で約八ヵ月前まで東京都長官を務めていた大達茂雄《おおだちしげお》から東京、そして同様の空襲が行なわれた名古屋（一一日深夜から一二日未明）、大阪（一三日深夜から一四日未明）の空襲被害状況が報告され、質疑がなされた。大河内輝耕《おおこうちきこう》議員（子爵）は「人貴キカ物貴キカ」という真っ直ぐなテーマで質問をした（水島朝穂・大前治『検証防空法』）。大河内はいった。〝大都会が焦土《しょうど》化することは時間の問題で、この次は東京が全部やられるかもしれない。人を助けるか、物を助けるか。私は人を助ける方がよろしいと思う。消防は専門家にまかして置く。「不慣ノ隣組長ナドノ指揮ヲ受ケテ消防ヤナンゾヤッテ居ッタラ皆死ンデシマヒマス」。人を助けるならば、消防などは二の次で逃れるということが一番よろしい。内務大臣から、隣組長や実際の指揮者に「火ハ消サナクテモ宜イカラ逃ゲロ」と指示してもらいたい〟と。

大河内の質問に対して内務大臣の大達は、

ドウモ初メカラ逃ゲテシマフト云フコトハ、是ハドウカト思フノデアリマスガ、矢張

リ或《ある》程度迄《まで》来レバ速カニ生命ヲ全ウスル、何処カヘ避難ヲスルト云フヤウニシナケレバナラヌト思ヒマス

と答弁した。避難すること自体は認めたが、焼夷弾に対する市民による初期防火という原則を変えることはなかった（参議院事務局編『貴族院秘密会議事速記録集』）。

同様の質問は、一八日に衆議院本会議で、安藤正純《まさずみ》議員からもなされた（水島朝穂・大前治『検証防空法』）。〝防空の指導方針はこれでよいのか。防火か待避か。物が主か人が主か。「防火ニ見切リヲ付ケテ、待避ニ勇ナルコトモ亦帝都ヲ護ル所以《ゆえん》」でなくてはならない。多くの犠牲を出したのは、「機動的運用ノナイ防火ノ方針ヲ守リ通シタ結果」にほかならない。「判断力ヲ明敏」にして「臨機ノ処置ヲ執ル」ことが肝心なのに、従来の指導方針があまりにも「命令的」で「機械的」ではなかったか〟と。

内務大臣の大達は、安藤の指摘を認めながらも、〝「一般民間隣組ノ人々マデガ、斯《か》クノ如キ敢闘ノ気持ヲ以テ戦ヒ抜イタ」ということは、「今後戦争ヲ戦ヒ抜ク上ノ要点」だろうと思うので、この気持ちを「沮喪《そそう》」（くじけて勢いを失うこと）させるようなことはしたくない〟と答弁した（『官報号外』一九四五年三月一九日。国立国会図書館「帝国議会会議録検索システム」http://teikokugikai-i.ndl.go.jp/ を利用）。東京・名古屋・大阪と、連続する都市への大規模焼夷弾攻撃による国民の戦意喪失を恐れ、それを防ごうとしている。

内務省の検閲下にあった新聞報道でも、三月一四日には、防火活動の重要性を述べながらも「予定せよ安全地帯」（『朝日新聞』朝刊）、「機を逸するな〝緊急避難〟」（『読売報知』朝刊）のように、大火災になってしまった場合には、安全な場所への避難の時機を失うことがないように、との報道もなされていた。

ところが、翌一五日には「初期防火と延焼防止／最後まで頑張れ／焼夷攻撃に怯まず敢闘」（『朝日新聞』朝刊）、「決死、火中に突込め／最初の一分最後の五分／勝利を礎く敢闘」（『毎日新聞』朝刊）と、空襲に命がけで立ち向かうことを強調するものに戻ってしまった。

その後の空襲

三月一〇日の空襲後、東京では第六次建物疎開（一月に第五次建物疎開が決定されていたが、実績はほとんどなかった）が開始された（川口朋子『建物疎開と都市防空』）。

陸軍の教育を統括する教育総監の畑俊六《はたしゆんろく》は三月一九日、高射砲第一師団長の金岡嶠《かなおかたかし》とともに、羽田と川崎の高射砲陣地を視察している。畑の日記によれば、目下帝都における高射砲は約三〇〇門で、その主力は八糎《センチ》高射砲であった。訓練の度合いは相当だが、やや機動性に欠けるところがあり、また弾薬の準備が不十分なことは心細いことであった。射高が一万八〇〇〇米《メートル》の一五糎高射砲も、すでに試験射撃を終わり、配備されると聞いて

いる（伊藤隆・照沼康孝編『続・現代史資料　四　陸軍　畑俊六日誌』）。

九九式八糎高射砲は、一九三九年に制式化されたもので、射高は一万メートル《メートル》であった。しかし、一万メートル《メートル》以上の高空を飛ぶB29が出現すると能力不足となり、B29対策として一五糎高射砲が開発された。しかし、一五糎高射砲が杉並区久我山《くがやま》に設置され、実戦に参加したのは、敗戦直前の八月のことであった（下志津〈高射学校〉修親会編『高射戦史』）。

硫黄島が米軍の手に落ちたために、四月七日にはB29とともに、硫黄島基地から戦闘機P51も攻撃に参加するようになった（前掲『戦史叢書　本土防空作戦』）。戦闘機の護衛が付くようになったことで、迎撃はさらに困難になった。

三月一〇日の後に東京が受けた空襲で、規模の大きなものを挙げると以下のようである。四月一三日深夜から一四日未明にかけて行なわれた東京陸軍造兵廠《ぞうへいしよう》を目標とした東京北部地域空襲（「城北大空襲」）は、死者約二五〇〇人、罹災家屋約一七万一〇〇〇戸であった。四月一五日深夜には、東京南部の市街地が空襲を受け、死者約八四〇人、罹災家屋約五万一〇〇〇戸を生じた。五月下旬には山の手地区が狙われ、五月二四日未明の空襲で、死者約七六〇人、罹災家屋約六万四〇〇〇戸、五月二五日深夜から二六日未明の空襲（「山の手大空襲」）で、死者約三二〇〇人、罹災家屋約一五万六〇〇〇戸が出た（前掲『米軍資料　日本空襲の全容』、前掲「東京空襲一覧」）。

三月一〇日の大空襲のような規模での人的被害が出なかった理由として、風の強さや家屋の密度、地形などの条件もあるが、三月一〇日の状況が知られたことで、人びとが消火よりも避難することを重視するようになったことがある（前掲『東京大空襲・戦災誌』二、山辺昌彦「東京大空襲をめぐる研究と運動について」）。また、東京を焼け出されて離れる人、焼け出される前に離れる人が出たことで、東京に住む人口自体も減少していた。

本土決戦における帝都防衛

本土決戦準備

一九四五（昭和二〇）年四月、本土決戦に対応するため、防衛総司令部に代わって、東北・東部・東海軍管区の防衛を担当する第一総軍司令部と、中部・西部軍管区の防衛を担当する第二総軍司令部、そして航空総軍司令部が設置された。新たに第五〇から第五八までの軍司令部も設置されることになった。米軍の進攻に対して、本土とその付近で行なわれる作戦は「決号《けつごう》作戦」と命名され、方面ごとに一から七までの番号が付された。関東地方での作戦は「決三号」であった。

第一総軍の隷下にあって、関東地方の防衛を担当したのが第一二方面軍である。第一二方面軍は、第三六軍・第五一軍・第五二軍・第五三軍、および東京湾守備兵団を基幹としていた。それぞれの任務分担は、第五一軍が鹿島灘に面した地域の防衛、第五二軍が九十九里浜の防衛、第五三軍が相模湾・駿河湾《するがわん》に面した地域の防衛、東京湾守備兵団が房総南部と大島の防衛、東京湾への侵入防止であった。第三六軍には、特定の地域を担当させず、機動的に使用し、米軍主力と決戦を行なわせることになっていた。要するに、米軍の上陸に際しては、まず沿岸所在の各軍が迎え撃ち、その後、米軍主力に対して第三六軍を投入し、決戦を挑む作戦であった（前掲『戦史叢書　本土決戦準備〈一〉関東の防衛』）。

五月三日、ドイツ総統ヒトラーの死去が報じられた。ヒトラーは、首都ベルリン防衛戦の陣頭指揮を執りながら戦死したとされた（『朝日新聞』一九四五年五月三日および四日朝刊）。実際は自殺である。八日、ドイツは降伏した。連合軍は日本との戦いに集中することになる。

五月二五日深夜から二六日未明の空襲では、皇居も焼けた。二六日、内閣総理大臣の鈴木貫太郎《かんたろう》は「謹話《きんわ》」（皇室に関する談話）を発表し、

帝都を固守し誓つてこの道義を無視する敵を撃摧《げきさい》することを以てこの非礼極まる蛮行に対する返答とするの決心を愈《いよいよ》鞏《かた》くした次第であります

と述べた（『共同新聞』一九四五年五月二七日朝刊。「戦災により印刷工程に支障あり」という理由で、東京の五つの新聞社によって発行された）。

六月に入ると、陸軍による皇居の地下防空施設の補強工事が決まり、五日に地鎮祭《じちんさい》が行

なわれ、工事が始まった（前掲『戦史叢書　本土決戦準備〈一〉関東の防衛』、宮内庁『昭和天皇実録』九）。一方で陸軍は、いざという場合に、大本営ほかの国家中枢機関を東京から移すことも考え、極秘裏に一九四四年秋から長野県松代《まつしろ》に地下施設の工事を始めていた。そして六月五日には、松代工事の促進が命じられていた（前掲『戦史叢書　本土決戦準備〈一〉関東の防衛』）。このころ、その存在が天皇周辺にも知られるようになった（読売新聞社編『昭和史の天皇』二）。

帝都固守方針

一九四五（昭和二〇）年六月六日の最高戦争指導会議（首相・外相・陸相・海相・参謀総長・軍令部総長などをメンバー）で「今後採ルベキ戦争指導ノ基本大綱」が討議された。内閣総理大臣の鈴木貫太郎は、大綱の中に帝都の固守を明示するよう主張した（前掲『昭和史の天皇』二）。参謀総長出張中のため、代理出席していた参謀次長の河辺虎四郎《かわべとらしろう》は、会議で和平案が話題に上ることを強く警戒していたが、鈴木の言葉のどこにもそうした疑いをはさませるものがないだけでなく、「特ニ東京死守ノ決意ヲ成文ニ明示スベキ所以ヲ主張セル点ナド甚ダ頼母《たのも》シサヲ覚」えたという（防衛庁防衛研修所戦史室『戦史叢書　大本営陸軍部〈一〇〉昭和二十年八月まで』）。にもかかわらず、「基本大綱」中の表現は「皇土ヲ保衛シ」というものにとどめられ、帝都固守は明示されることはなかった。

だが、首相の鈴木貫太郎は、あくまでも帝都固守にこだわった。翌七日、閣議で「基本大綱」が決定された際、鈴木はそれに関する所見を述べ、次のように締めくくった。

尚、最後に一言付加へて置きたいと思ふことがあります。それは本土戦場化を予想する場合、帝都を他に遷《うつ》したらどうかといふ様な意見を聞くことがありますが、私の所信は「帝都は之を固守するものとす」といふ決意でありまして、このことは昨日の会議にも問題になり各位皆同意見でありましたから左様御了承を願ひます（外務省編『終戦史録』上巻）。

こうして「皇土保衛」の中に、「帝都固守」が含まれることとなった。「基本大綱」は六月八日の御前会議で、正式決定となった。九日、鈴木は第八七回帝国議会で「我々ハ何処《どこ》マデモ皇土ヲ保衛シ、帝都ヲ固守シ」と演説した（『官報号外』一九四五年六月九日）。

帝都固守の方針が決まると、一二日には帝都防衛のための東京防衛軍司令部の編成が発令された。つづいて東京防衛軍の戦闘序列が下令され、第一二方面軍司令官の隷下に編入される。新聞では、東京防衛軍司令部の設置は、

皇城の地帝都の防衛を完璧ならしめるとともに、帝都死守の全軍の鉄の決意を端的に表明するものといふべきで、これをもつて本土決戦を邀《むか》へる陸軍不動の布陣はいよいよ固きを加へた

と報じられた（『朝日新聞』一九四五年六月二九日朝刊）。

一九四五（昭和二〇）年七月一七日、第一総軍は「第一総軍決戦綱領」と「第一総軍決号作戦計画」を下達した。敵の来攻を同年秋以降と予想し、作戦準備が進められた。作戦の基本は、敵の上陸時に水際《みずぎわ》付近で徹底的な攻勢に出て、これを撃滅するというものであった。

関東における本土決戦

関東の防衛を担当する第一二方面軍では、水際決戦の趣旨に応じて、各軍の主陣地を海岸近くに前進させることにした。しかし、そもそも敵の上陸が予想される九十九里浜・相模湾・鹿島灘の沿岸部には、砂浜・砂丘が広がっており、地質的に陣地構築は難しかった。そのため、これまで各兵団は、海岸最寄りの台地や丘陵などを利用して、主陣地を構築していた。だが、いまや水際決戦のための海岸陣地の強化が、命じられたのである。

前述のように、第一二方面軍では、鹿島灘・九十九里浜・相模湾からの米軍の上陸を想定し、敵主力を求めて最精鋭の第三六軍が決戦を行なう計画であった。しかし、実際に上陸となった場合、どれが敵主力かを判断するまでに時間がかかること、敵の空襲による交通路の破壊のために、軍の移動が難しくなることが懸念された。そこで、戦機を失うことがないように、あらかじめ敵主力の上陸場所を予想し、そこに兵力を重点的に配備することにした。研究の結果、九十九里浜正面への上陸を想定した配備が行なわれた（図20）。

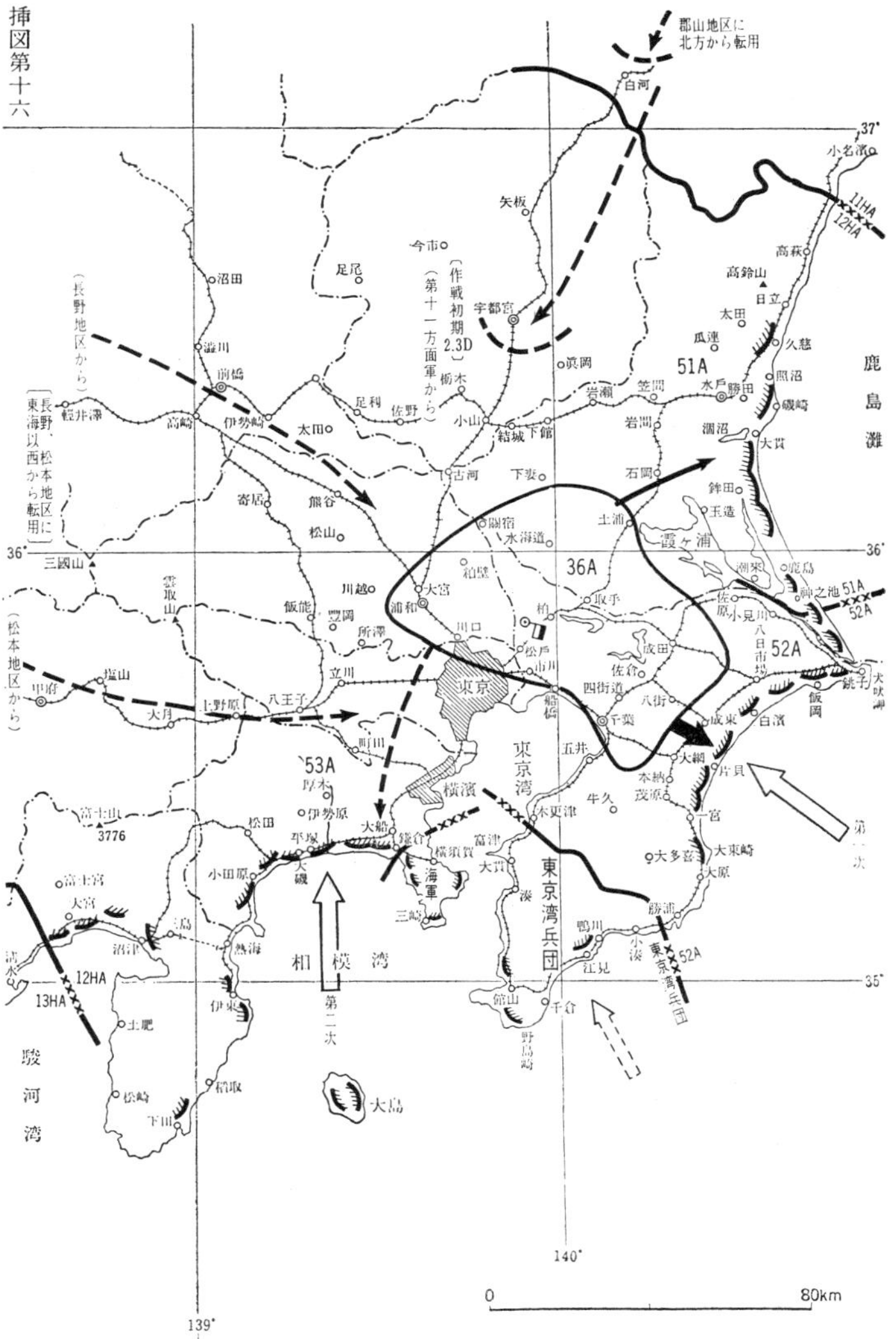

図20　1945年8月の関東における作戦計画図（防衛庁防衛研修所戦史室『戦史叢書 本土決戦準備〈一〉関東の防衛』朝雲新聞社，1971年）
HAは方面軍，Aは軍を表す．

作戦は、上陸する敵に対して、全軍を挙げて航空・水上・水中・陸上、あらゆる方法で体当たり・自爆の特攻的攻撃を連続不断に敢行し、敵と刺し違えるというものであった。ただ攻撃あるのみ、司令官以下、全員戦死するという覚悟の下で、準備が進められた（前掲『戦史叢書　本土決戦準備〈一〉関東の防衛』）。

しかし、やはり九十九里浜の砂は、陣地構築に不適当であった。最前線となる砂浜に兵隊が一人ずつ入る「タコツボ陣地」をつくろうとしても、次の日には崩れていた。物資不足で、砂を食い止める資材がなかった。陣地の整備は遅れた（読売新聞社編『昭和史の天皇』三）。

本土決戦での帝都防衛の位置づけ

前述のように、東京防衛軍が設置された。しかし、その編成をみると、作戦時には増強されることになっていたものの、その発足時は、通常の部隊よりも戦力が劣る警備旅団三個を基幹とするものでしかなかった。そして皇居の防衛はやはり近衛第一師団の役割で、東京防衛軍との関係は臨機に律するものとされた。

東京防衛軍の任務は、「宮城《きゅうじょう》（皇居のこと）ヲ中核トスル帝都ノ枢要部ヲ確保シテ宮城ヲ奉護シ帝都ヲ護持」することであった。特に確保すべき要域は、おおむね山手線、浅草付近以南の隅田川および海岸線により包含される地域とされた。作戦準備としては、地下陣地の構築を主体とし、対戦車戦闘に応ずる築城を重視した。築城は、一九四五（昭和二〇）年一一月下旬にほぼできあがらせ、翌年二月下旬までに完成するよう命じられた。この作戦は「烈号《れつごう》作戦」と呼称された。東京防衛軍は、東京都と神奈川県の各地に宿営し、山手線周辺の陣地構築などにあたった。

実際に戦闘が始まれば、東京防衛軍には、野戦師団二から三個、高射師団、その他の戦車や砲兵の部隊が加えられることになっていたが（前掲『戦史叢書 本土決戦準備〈一〉関東の防衛』）、実現する見込みはなかった。陸軍は、水際の決戦にすべてをかけ、そこで全員戦死する覚悟だったからである。つまり、敵が上陸し、東京に進撃してくる状況では、日本陸軍の主力は全滅しているはずなのだ。参謀本部第一部第二課主任参謀として、本土決戦作戦の立案にあたった原四郎《はらしろう》は、東京防衛軍を設けた理由を、「帝国陸軍が、その終焉に当たって、帝都を最後まで守ったという歴史の一ページを残しておくためだったのです。だから兵力も、たった三個の警備旅団を配備しただけだった」と、戦後に語っている。

とはいえ東京防衛軍としては具体的な作戦を立て、その準備を進めねばならない。東京防衛軍司令官の飯村穣《いいむらじょう》は、上陸してきた敵は関東平野を席巻《せっけん》し、日本軍主力の壊滅を図り、東京は孤立すると想定、その状態の東京をできるだけ長く防衛するのが、自分たちの役割だと考えた。そして、普仏戦争時（一八七〇〜七一年）のパリにならって、防衛線を決めた。

第一線は池上本門寺《いけがみほんもんじ》（現在の大田区）—志村《しむら》（板橋区）—市川国府台《こうのだい》（千葉県市川市）の線に堀をつくり、さらに本防衛線は浅草—品川のおおむね山手線に沿った地域と、品川—隅田川河口の海岸地域を「主抵抗線の前衛」とし、さらにその内側、皇居周辺の麹町《こうじまち》と神田付近に複郭陣地を構築することとした。本防衛線の地下陣地により奮戦し、そこを突破されたら、最後は丸の内のビル街で市街戦をやるつもりだったという（前掲『昭和史の天皇』三）。

しかし、そういう状況になれば、天皇や政府・軍部の中央機関は、東京を離れ、松代に移動していただろうから、厳密な意味では、もはや「帝都防衛」とはいえなくなっている。その前に終戦となり、本土決戦は準備だけで終わった。ちなみに米軍の作戦計画では、相模湾に主力を上陸させることになっていた（大西比呂志・栗田尚弥・小風秀雅『相模湾上陸作戦』）。

ポツダム宣言受諾

一九四五（昭和二〇）年七月下旬の連合国によるポツダム宣言発表、八月に入っての広島への原爆投下（六日）、ソ連の対日宣戦布告（八日）、長崎への原爆投下（九日）の衝撃により、終戦に向けた動きが急速に進む。そして、昭和天皇の「聖断」という形で、ポツダム宣言の受諾が決まり、日本は連合国に対して降伏する。

八月一〇日未明の御前会議の席上、昭和天皇は、ポツダム宣言を受諾する理由の一つとして、本土決戦のための九十九里浜の防御陣地建設も遅れ、増設部隊も装備が整っていないことを挙げていた（鈴木多聞『「終戦」の政治史』）。のちに昭和天皇が語ったところでは、

> 私は戦争の継続は不可と思ふ、参謀総長〔梅津美治郎《うめづよしじろう》〕から聞いた事だが、犬吠岬《いぬぼうさき》と九十九里海岸との防備は未だ出来てないと云ふ、又陸軍大臣〔阿南惟幾《あなみこれちか》〕の話に依ると、関東地方の決戦師団には九月に入らぬと、武装が完備する様に物が行き渡らぬと云ふ、かゝる状況でどうして帝都が守れるか、どうして戦争が出来るか、私には了解が出来ない。

といったとされる（寺崎英成・マリコ・テラサキ・ミラー編著『昭和天皇独白録』）。昭和天皇は、本土決戦において、帝都防衛を重要と考えていた。

一四日午前の御前会議において、二度目の「聖断」により、ポツダム宣言受諾は確定した。しかし、これでは国体（天皇中心の政治体制）を護持することはできないと考え、戦争継続を主張する勢力は、それを阻止する行動に出る。すでに一度目の「聖断」が下された後、陸軍部内の若手軍人たちの中には、和平派要人たちへのテロや、「治安維持」のための出兵を利用したクーデターなどの意見が交わされていた。「治安維持」のために東部

軍管区および近衛師団を動かし、皇居・各宮家・重臣・閣僚・放送局・陸海軍の各省・統帥部などの要所に兵力を配置、天皇や皇族を「守護」するとともに、各要人を「保護」する「偽装「クーデター」計画」であった。そうして戦争継続を強要しようとしたのである。

帝都防衛のための軍隊が、帝都の治安を乱そうとしていた。しかし、陸軍上層部は、クーデターに賛成しなかったから、ポツダム宣言受諾の流れが変わることはなかった。陸軍大臣の阿南惟幾は敗戦の責任をとって、八月一五日早朝に割腹自決している。

戦争の終結

それでも若手軍人たちは行動に出た。八月一五日未明、彼らは決起に賛同しない近衛第一師団長の森赳《たけし》を殺害して偽の師団命令を発し、皇居を占拠、外部との交通を遮断した。だが、まもなく偽命令であること、師団長が殺害されたことが明らかとなり、同調する動きは広がらなかった。反乱軍は、昭和天皇による国民に対する終戦のラジオ放送を阻止しようと、録音盤（天皇が終戦の詔書を朗読したものを録音したレコード）の奪取を企てたが、ついにみつけることができなかった（前掲『戦史叢書　大本営陸軍部〈一〇〉昭和二十年八月まで』）。

反乱軍の一部は、日本放送協会の放送局を占拠し、決起の趣旨をラジオで国民に訴えようとした。しかし、空襲警報発令中で、東部軍管区司令部の許可なしに放送ができなかった。すでに事実をつかんでいた東部軍管区司令部は放送を認めず、反乱軍のリーダーは放送局を去った。偽命令で放送局を占拠していた部隊は、新たに派遣されてきた部隊とともに、今度は放送の援護にあたることになった（前掲『二〇世紀放送史』上）。

一五日の夜明けとともに、東部軍管区司令官の田中静壱《しずいち》が皇居に入り、クーデターは完全に鎮圧された。

終戦阻止の動きは、他でもみられた。一五日早朝、東京防衛軍第三警備旅団（横浜）に所属する軍人に率いられた兵士と民間学生の集団が、首相官邸を襲撃したが、首相の鈴木貫太郎の不在を知ると、私邸に向かい襲撃・放火した。彼らはさらに、枢密院議長平沼騏一郎《ひらぬまきいちろう》の私邸も襲撃し、放火した。鈴木・平沼ともそれぞれ脱出して無事だった（半藤一利『決定版　日本のいちばん長い日』、前掲『警視庁史』昭和前編）。同じく一五日早朝「憲兵特高隊」（あるいは「憲兵特攻隊」か）と称する七、八人が、内大臣木戸幸一《きどこういち》の私邸に押しかけ、警官一人を負傷させている（木戸幸一『木戸日記』下巻）。木戸は不在で無事だった。

その日の正午、前述の録音盤によるラジオを通じた昭和天皇の放送（「玉音放送《ぎょくおんほうそう》」）により、国民に終戦が伝えられた。昭和天皇は夕方、東部軍管区司令官の田中を呼び、反乱を鎮圧した今朝の処置を賞《ほ》め、〝色々の事件が起こることは固《もと》より覚悟している。非常の困難があることはよく知っている。しかしこうしなければならない。田中よく頼む。しっかりやってくれ〟と述べた（前掲『昭和天皇実録』九、塚本素山『あゝ行軍最後の日』）。

一六日には、全軍に停戦が命じられた。以後も、軍や民間の一部に徹底抗戦を唱える動きはあったが、戦時体制は着実に解かれていった。八月二〇日には灯火管制が解除され、街に灯りが戻った。二二日には、防空そのものが終止した。

帝都防衛の終焉——エピローグ

政治・経済・文化など、国家の中枢機能が集まる帝都の防衛には、その時々における政治と外交・安全保障・経済・社会のありようが、よく現れている。

帝都防衛の流れを振り返る

ペリー艦隊（「黒船」）への江戸幕府による対応から始まった近代的な帝都防衛態勢の構築という課題は、幕府を倒して成立した明治政府に引き継がれた。新政権安定のための国内の治安確保と対外防備の両方をにらみながら、欧米式の軍事制度、警察制度が導入されていった。一八八一（明治一四）年には、警視庁と東京憲兵隊が設置された。一八八四年に横須賀鎮守府《よこすかちんじゅふ》が設置され、一八八八年には東京鎮台《ちんだい》が第一師団に、一八九一年には近衛《このえ》兵も近衛師団に改編され、制度的な枠組みが確立した。一八八〇年には、東京湾の入口の砲台工事も始まっていた。こうして明治一〇年代の終わりごろに、帝都の近代的な防衛態勢ができあがった。

日清戦争・日露戦争では、帝都の防備も固められたが、日本海軍が優勢に戦いを進めたことで、帝都が攻撃されることはなかった。帝都の軍隊が実際に動いたのは、日露戦争の講和条件に不満を持ち、暴動を起こした日本人に対してであった。このとき、戒厳令《かいげんれい》の一部規定も適用された。

日露戦争の勝利により、日本の東アジアにおける軍事的優位が確立し、帝都が外国の攻撃を受ける可能性も低下した。日露戦後に帝都の軍隊が出動したのは、都市暴動や風水害・大火に対してであった。二〇世紀はじめに飛行機が登場し、第一次世界大戦（一九一四〜一八年）から、ヨーロッパでは都市空襲も始まっていたが、日本では差し迫った問題とはされなかった。

一九二三（大正一二）年九月一日に発生した関東大震災で、帝都は同時多発火災により壊滅的な被害を受けた。被災地は混乱し、大兵力の展開と戒厳令の一部規定の適用による警備がなされたが、流言に基づく朝鮮人などに対する暴行・殺害事件も起きた。その後、未曽有《みぞう》の巨大災害の経験から、新たな防衛態勢の構築が進められた。軍隊・警察・府・市などの連携、警察力・消防力を補うための統制ある市民の動員が必要と考えられた。また、大火災は都市空襲を連想させた。

震災を契機に、巨大自然災害や空襲を想定した、軍官民一体の帝都防衛態勢が構想されるようになった。それは昭和初期から、都市における防空演習という形で現れ、一九三一（昭和六）年の満洲事変後に本格化した。同じころ、現状に不満を持つ軍人や右翼などによるテロやクーデターも起きるようになった。帝都防衛の任務を担う軍隊が、帝都の治安の脅威となった。その最大の事件である二・二六事件では、鎮圧のために史上三度目となる戒厳令の一部規定の適用がなされた。

日中戦争から日米の対立・開戦へと向かう中で、空襲の危険性が高まり、防空法の制定・施行、警防団や隣組防空群の設置、防空法の改正・強化など、防空態勢が整備された。市民も組織化され、焼夷弾《しょういだん》攻撃に対する初期防火のために動員されることになった。戦争が激化する中、東京府と東京市による帝都の二重行政を一元化するため、両者が統合され、一九四三年七月に東京都が発足した。同年秋には、防空法が再改正され、疎開政策も始まった。東京都と警視庁の防空行政を一元化する帝都防空本部も設置された。

帝都防衛の終焉

本格的な帝都空襲は、一九四四（昭和一九）年一一月から始まった。日米の技術格差と戦力差を示すB29の大編隊による大量の焼夷弾投下により、帝都は焼け野原となり、あまりにも多くの人命が奪われた。それでも本土決戦における帝都防衛の準備が進められた。

大きくとらえると、艦船からの防衛→震災からの防衛→空襲からの防衛、と進んできた帝都防衛は、ついに地上戦という段階にまで達した。しかし、帝都防衛を含む本土決戦準備の遅れが理由の一つとなり、日本は一九四五年八月にポツダム宣言受諾を決定し、降伏した。

これで連合国軍からの帝都防衛は終わった。だが、帝都の情勢は不穏であった。終戦阻止のクーデターが鎮圧された八月一五日以降も徹底抗戦の動きは存在した。ポツダム宣言に基づく連合国軍の進駐が始まるまでに、抗戦派を抑え込む必要があった。たとえ少数であっても、連合国軍に対して危害を加える者が出た場合、対日占領政策は厳しいものになりかねない。敗戦と占領のショックによる治安の乱れも心配された。

そこで国内の治安維持のために、憲兵隊の強化が行なわれた。連合国軍も、進駐地域からの日本軍戦闘部隊の撤退を要求する一方で、治安を維持するために必要な警察官・憲兵を置くことと、小火器《しょうかき》（小銃など）に限って保持することを認めていた（江藤淳編『占領史録』上）。

八月二二日、陸相の東久邇宮稔彦王《ひがしくにのみやなるひこおう》（首相兼任）により、治安警備強化のため、「臨時憲兵隊」の編成が命じられた。他兵科の者を憲兵の下に置き、憲兵の勤務を補助させる

「補助憲兵」と異なり、臨時憲兵隊は、通常の部隊（主に歩兵）をそのまま憲兵隊に転用するものであった。憲兵隊は、警備を任務とする軍隊的組織に拡充・強化されたのである。臨時憲兵隊は、全国で合計約一一万人を予定した。このうち帝都には、皇居と在京の宮邸に約五〇〇〇人、明治神宮・靖国《やすくに》神社と東京外の御用邸に約一〇〇〇人（以上は準備のみ）、大本営・主要交通要点・その他の帝都治安に約一万四〇〇〇人を基準として編成することとした（全国憲友会連合会編纂委員会編『日本憲兵正史』）。

海軍の担当地域では、海軍の「保安隊」が警備に就くことになった。保安隊は、海軍で陸上戦闘を任務とする陸戦隊を改編したものであった（神奈川県警察史編さん委員会編『神奈川県警察史』下巻）。こうして警察・憲兵隊・海軍保安隊が、協力して警備にあたる態勢がつくられた。

帝都防衛態勢の解体

抗戦派を抑える側も、ほんの少し前まで一緒に戦い、死ぬつもりでいたのだから、彼らの気持ちもよくわかった。辛い任務であった。双方に他殺や自決による死者も出た。水戸教導航空通信師団の将校以下約三九〇人が、鉄道で上京し、東京美術学校（現在の東京芸術大学美術学部）を占拠する事件があった（前掲『戦史叢書　本土決戦準備〈一〉関東の防衛』、森下智『水戸教導航空通信師団事件秘史』）。

厚木《あつぎ》飛行場を基地とする帝都防空の最精鋭部隊だった第三〇二海軍航空隊は、飛行機で全国に徹底抗戦を呼びかけるビラを撒くなど、強硬な姿勢をとっていた。しかし、司令の小《こ》園安名《ぞのやすな》がマラリアを再発し入院すると、結束が崩れた。それでも諦めきれない一部の隊員は飛行機で厚木基地を脱出したが、呼応する動きはすでになかった。八月二四日には、問題はほぼ鎮静化した（渡辺洋二『首都防衛三〇二空』）。

二四日早朝には、埼玉県で陸軍予科士官学校の生徒ら七〇人弱が、日本放送協会川口放送所・鳩ヶ谷放送所を襲い、全国に決起を呼びかけようとする事件が起きていたが、憲兵の説得により、行動は中止された。東部軍管区司令官の田中静壱《しずいち》も駆けつけ、彼らに訓示を与え、撤収させた（前掲『戦史叢書　本土決戦準備〈一〉関東の防衛』、森下智『川口放送所占拠事件秘史』）。同日夜、終戦処理に区切りがついたとみた田中は、敗戦の責任をとって自決した。

八月二五日、連合国軍は、予告どおり日本上空で監視飛行を開始した（前掲『占領史録』上）。首相の東久邇宮は「もし、これが昨日だったらどんな不祥事が起ったかわからない」と日記に書いている（東久邇稔彦『東久邇日記』）。二八日、ほんの少し前まで徹底抗戦派の拠点であった厚木飛行場に、連合国軍先遣隊《せんけんたい》が到着した。三〇日午後二時過ぎには、連合国軍最高司令官ダグラス・マッカーサー（アメリカ陸軍元帥）も厚木に到着、横浜に入った。警察・憲兵隊・海軍保安隊が、飛行場・沿道の警備にあたった（前掲『神奈川県警察史』下巻)。

九月二日には、東京湾上のアメリカ軍艦ミズーリで降伏文書の調印がなされ、八日にマッカーサーは東京に入った。そして一七日からは、連合国軍最高司令官総司令部(GHQ)として接収した日比谷の「第一生命館」で執務を開始する。このビルには、戦時中、東部軍管区司令部が置かれていた(第一生命保険相互会社五十年史編纂室編『第一生命五十五年史』)。抗戦派の動きを抑え、連合国軍を無事に帝都に受け入れること、それが最後の「帝都防衛」となった。

このように終戦後、一般の軍隊の復員がなされる一方で、憲兵隊の活動はつづいていた。しかし、憲兵隊にも隊員の離脱や逃亡がみられた。その後、憲兵の復員も進む(大谷敬二郎『昭和憲兵史』、前掲『日本憲兵正史』)。そもそもGHQは、憲兵による連合国軍捕虜に対する虐待を疑い、憲兵に厳しい目を向けていた。

一〇月一五日をもって内地部隊の復員は一応完了したとされ、一六日にマッカーサーはラジオ放送で、「今日、日本全国の日本軍武装兵力は復員を完了し、存在しなくなつた。これら兵力は今や完全に廃止されたのである」と述べた(『朝日新聞』一九四五年一〇月一七日朝刊)。皇居守護のため、近衛師団を「禁衛府」という組織に改編し存続させる試みもなされたが、GHQの容れるところとならず、一九四六年三月に廃止された(藤井徳行

『禁衛府の研究』）。

このように占領統治下の非軍事化・民主化政策により、従来の防衛態勢は解体され、改革が進められた。警視庁は存続したが、中央集権的な警察制度は改められ、一九四八年には警察から消防が分離されて東京消防庁が誕生した。その前年には、警防団も消防団に改組されていた。

けれども、戦後の厳しい経済状況と生活難、国際政治における冷戦の深まりと国内への波及、そして一九五〇年六月の朝鮮戦争の勃発により、国内の治安を守るために警備力の増強が求められた。同年八月には、自衛隊の前身である警察予備隊が創設された。

こうして新しい防衛態勢の構築が始まったが、戦後のそれは「帝都防衛」ではなく「首都防衛」として改めて論じられるべきである。本書の分析をここで終える。

あとがき

阪神・淡路大震災（一九九五年）、東日本大震災（二〇一一年）などの大規模自然災害の様相から、空襲などの戦災をイメージした人は多いのではないだろうか。それは過去においても当てはまるのではないか。

このことがヒントになって、関東大震災（一九二三年）の後に、大規模自然災害対策と空襲対策が一体的に推進されていた、という史実に気づいた。それを出発点にして書き上げたのが、拙著『近代日本の「国民防空」体制』（神田外語大学出版局、二〇一〇年）である。

もちろん、自然災害と人為災害は原因が異なる。安易にそれらを同列に論じることは、その被害に対する責任をあいまいにしてしまう恐れもある。しかし、一緒に検討することでみえてくるものも多いと考えた。

前著では、空襲時のおもに焼夷弾攻撃に対する初期防火のために市民を動員した「国民防空」体制が、関東大震災後にどのように形成されていったのかを論じた。分析の対象は、そのための法制度や人的組織が中心だった。軍の作戦や行動は、「国民防空」と対《つい》になる「軍防空」について、しかも「国民防空」に関わる範囲で限定的に述べただけであった。

本書では、「帝都防衛」を主題とし、東京に焦点を絞りつつ、さらに分析の対象や期間を広げてみた。特に、第二次世界大戦下の帝都防空で「国民防空」がどのように完成に向かい、現実の空襲でどのようなことが起きたかについて論じることは、前著刊行後の「宿題」ともいうべきものであった。

近年、災害時における旧日本軍の活動に関する研究が進んだ。空襲、防空に関する研究もさらに厚みを増してきている。それぞれ参考とさせて頂いた。

しかし、扱う対象や期間を広げたことで、新たに調べたり、考えたりしなければならないことが増えた。内容も多岐にわたることになったため、何をどのくらい詳しく、どのような順番で書くのかというバランスや構成の問題にも苦しんだ。その結果、完成までに思った以上に多くの時間を費やしてしまった。

本書では、「帝都」、つまり、戦前（ほぼ明治から第二次世界大戦の敗戦に至るまで）の東京を扱った。だが、戦前でも、東京以外の地域にまでもっと広く目を配れば、また異なることがみえてくるだろう。そして、戦前の「帝都防衛」を踏まえ、戦後の「首都防衛」はどのように展開したのか、という新たな疑問も浮かんでくる。いずれも今後の課題としたい。

さいごに本書執筆の機会を与えてくださり、その後も折に触れ、声かけと励ましを頂いた吉川弘文館の斎藤信子さん、編集を中心にご担当頂いた大熊啓太さんにお礼を申し上げる。

なお、本書は、JSPS科研費25370790（「近現代日本における災害関係史料の調査・収集・整理・研究」）の研究成果の一部である。

二〇一七年六月

土田宏成

参考文献

書籍・論文（第二次大戦後に刊行されたもの。復刻を除く）

青木哲夫「日本の防空壕政策」『政経研究』八八、二〇〇七年
淺川道夫『お台場─品川台場の設計・構造・機能─』錦正社、二〇〇九年
淺川道夫『江戸湾海防史』錦正社、二〇一〇年
荒井信一『空爆の歴史─終わらない大量虐殺─』〈岩波新書〉岩波書店、二〇〇八年
荒川章二「首都の軍隊の形成」（同編『地域のなかの軍隊2 軍都としての帝都─関東─』）吉川弘文館、二〇一五年
逸見勝亮『学童集団疎開史─子どもたちの戦闘配置─』大月書店、一九九八年
猪瀬直樹『黒船の世紀─ミカドの国の未来戦記─』小学館、一九九三年
井上清・渡部徹編『米騒動の研究』第五巻、有斐閣、一九六二年
宇佐美龍夫・石井寿・今村隆正・武村雅之・松浦律子『日本被害地震総覧 五九九─二〇一二』東京大学出版会、二〇一三年
NHKスペシャル取材班『ドキュメント 東京大空襲─発掘された五八三枚の未公開写真を追う─』新潮社、二〇一二年
大井昌靖『民防空政策における国民保護─防空から防災へ─』錦正社、二〇一六年

大江志乃夫『戒厳令』〈岩波新書〉岩波書店、一九七八年
大谷敬二郎『昭和憲兵史』みすず書房、一九六六年
大西比呂志・栗田尚弥・小風秀雅『相模湾上陸作戦―第二次大戦終結への道―』〈有隣新書〉有隣堂、一九九五年
大日方純夫『日本近代国家の成立と警察』校倉書房、一九九二年
大日方純夫『警察の社会史』〈岩波新書〉岩波書店、一九九三年
大日方純夫『近代日本の警察と地域社会』筑摩書房、二〇〇〇年
刈田　徹『増補改訂版　昭和初期政治・外交史研究　十月事件と政局』人間の科学社、一九八九年
川口朋子『建物疎開と都市防空―「非戦災都市」京都の戦中・戦後―』京都大学学術出版会、二〇一四年
北原糸子「関東大震災の行政対応策を生み出した大正六年東京湾台風」『歴史都市防災論文集』一、立命館大学歴史都市防災研究センター、二〇〇七年
北原糸子・松浦律子・木村玲欧編『日本歴史災害事典』吉川弘文館、二〇一二年
北　博昭『二・二六事件全検証』〈朝日選書〉朝日新聞社、二〇〇三年
北　博昭『戒厳―その歴史とシステム―』〈朝日選書〉朝日新聞出版、二〇一〇年
黒田康弘『帝国日本の防空対策―木造家屋密集都市と空襲―』新人物往来社、二〇一〇年
桑田　悦「統合指揮をめぐる紛糾」奥村房夫監修・桑田悦編『近代日本戦争史　第一編　日清・日露戦争』同台経済懇話会、一九九五年

毛塚五郎編著『東京湾要塞歴史』（復刻・集成版）第二巻、一九八〇年
現代史の会共同研究班「総合研究・在郷軍人会史論」『季刊・現代史』九、一九七八年九月
国立天文台編『理科年表二〇一七』丸善出版、二〇一六年
越沢　明『復興計画―幕末・明治の大火から阪神・淡路大震災まで―』〈中公新書〉中央公論新社、二〇〇五年
小林道彦「三月事件再考―宇垣一成と永田鉄山―」『日本歴史』七一三、二〇〇七年一〇月
佐藤正夫『品川台場史考―幕末から現代まで―』理工学社、一九九七年
柴田武彦・原勝洋『日米全調査ドーリットル空襲秘録』アリアドネ企画、二〇〇三年
浄法寺朝美『日本築城史―近代の沿岸築城と要塞―』原書房、一九七一年
白石弘之「東京都公文書館が所蔵する関東大震災関係資料について」『年報　首都圏史研究』一、二〇一一年
鈴木　淳『町火消たちの近代―東京の消防史―』〈歴史文化ライブラリー〉吉川弘文館、一九九九年
鈴木　淳『関東大震災―消防・医療・ボランティアから検証する―』〈ちくま新書〉筑摩書房、二〇〇四年、のち〈講談社学術文庫〉講談社、二〇一六年
鈴木多聞『「終戦」の政治史　一九四三―一九四五』東京大学出版会、二〇一一年
鈴木芳行『首都防空網と〈空都〉多摩』〈歴史文化ライブラリー〉吉川弘文館、二〇一二年
高橋正衛『二・二六事件―「昭和維新」の思想と行動―増補改版』〈中公新書〉中央公論新社、一九九四年

高橋雄豺『明治警察史研究』第二巻、令文社、一九六一年
土田宏成『近代日本の「国民防空」体制』神田外語大学出版局、二〇一〇年
土田宏成「下総台地の軍事化」荒川章二編『地域のなかの軍隊2　軍都としての帝都—関東—』吉川弘文館、二〇一五年
塚本素山『あゝ皇軍最後の日—陸軍大将田中静壱伝—』非売品、三版、一九七八年
筒井清忠『敗者の日本史19　二・二六事件と青年将校』吉川弘文館、二〇一四年
泊　次郎『日本の地震予知研究一三〇年史—明治期から東日本大震災まで—』東京大学出版会、二〇一五年
楢崎茂彌「マリアナからのB29日本本土初空襲（一九四四・一一・二四）の作戦任務報告書」『空襲通信』八、二〇〇六年
野口武彦『安政江戸地震—災害と政治権力—』〈ちくま学芸文庫〉筑摩書房、二〇〇四年
野村　實『海戦史に学ぶ』〈祥伝社新書〉祥伝社、二〇一四年
秦郁彦編『日本陸海軍総合事典　第二版』東京大学出版会、二〇〇五年。
原田敬一『戦争の日本史19　日清戦争』吉川弘文館、二〇〇八年
原　剛『明治期国土防衛史』錦正社、二〇〇二年
原　剛「東京湾第三海堡の建設経緯について」『軍事史学』一五四、二〇〇三年九月
半藤一利『決定版　日本のいちばん長い日』〈文春文庫〉文藝春秋、二〇〇六年
藤井德行『禁衛府の研究—幻の皇宮衛士総隊—』慶應義塾大学出版会、一九九八年

藤野裕子『都市と暴動の民衆史―東京・一九〇五―一九二三年―』有志舎、二〇一五年
堀　真清「三月事件」同編『宇垣一成とその時代―大正・昭和前期の軍部・政党・官僚―』新評論、一九九九年
水島朝穂・大前治『検証防空法―空襲下で禁じられた避難―』法律文化社、二〇一四年
三谷　博『ペリー来航』〈日本歴史叢書〉吉川弘文館、二〇〇三年
源川真希『東京市政―首都の近現代史―』日本経済評論社、二〇〇七年
宮地忠彦『震災と治安秩序構想―大正デモクラシー期の「善導」主義をめぐって―』クレイン、二〇一二年。
森下　智『川口放送所占拠事件秘史』帝國陸海軍史研究会、二〇〇八年
森下　智『水戸教導航空通信師団事件秘史―昭和の彰義隊の悲劇―』帝國陸海軍史研究会、二〇〇九年
山崎正男「陸軍軍制史梗概」森松俊夫監修・松本一郎編『「陸軍成規類聚」研究資料　全』緑蔭書房、二〇〇九年
山下文男『君子未然に防ぐ―地震予知の先駆者今村明恒の生涯―』東北大学出版会、二〇〇二年
山田　朗『戦争の日本史20　世界史の中の日露戦争』吉川弘文館、二〇〇九年
山田昭次『関東大震災時の朝鮮人虐殺―その国家責任と民衆責任―』創史社、二〇〇三年
山辺昌彦「東京大空襲をめぐる研究と運動について」『歴史評論』七九四、二〇一六年六月
山本唯人「防空消防の展開と民間消防組織の統合過程―防空体制の形成と都市化―」『日本都市社会学会年報』一七、一九九九年

芳井研一「日中戦争と日米開戦・重慶作戦―田中新一「業務日誌」を通して―」『環日本海研究年報』一九、二〇一二年
吉田律人『軍隊の対内的機能と関東大震災―明治・大正期の災害出動―』日本経済評論社、二〇一六年
ロベール・ギラン著、根本長兵衛・天野恒雄訳『日本人と戦争』〈朝日文庫〉朝日新聞社、一九九〇年
渡辺洋二『首都防衛三〇二空―熱き血の人々がつどいて―』潮書房光人社、二〇一五年

書籍・論文・記事（第二次大戦前に刊行されたもの）

阿部源蔵「家庭防火群組織を完了して」『大日本消防』一一―九、一九三七年九月
今村明恒「市街地に於る地震の生命及財産に対する損害を軽減する簡法」『太陽』一一―一二、一九〇五年九月
今村明恒『地震講話』岩波書店、一九二四年
栗原久作「焼夷弾火災と五人組制度に就て」『大日本消防』一〇―六、一九三六年六月
国民防空協会編・発行『空の護り』一九三〇年
田崎治久編著『日本之憲兵』一九七一年、復刻原本一九一三年、原書房
田崎治久編著『続・日本之憲兵』一九七一年、復刻原本一九二九年、原書房
鶴見祐輔編著『後藤新平』第三巻、後藤新平伯伝記編纂会、一九三七年
中村左衛門太郎「東京湾内津浪調査」『気象雑纂』第一巻第三冊、一九一八年一月
日本赤十字社編・発行『赤十字博物館報　第二八号　必勝不敗新防空戦展覧会号』一九四四年一二月
野村康之助「帝都を護る東京防護団」『地方行政』四〇―九、一九三二年九月

史料・記録

江藤淳編『占領史録』上〈講談社学術文庫〉講談社、一九九五年
香椎研一編『香椎戒厳司令官 秘録二・二六事件』永田書房、一九八〇年
外務省編『終戦史録』上巻、新聞月鑑社、一九五二年
北原糸子編『写真集 関東大震災』吉川弘文館、二〇一〇年
宮内庁『昭和天皇実録』第九、東京書籍、二〇一六年
小山仁示訳『米軍資料 日本空襲の全容―マリアナ基地B29部隊―』東方出版、一九九五年
早乙女勝元監修／東京大空襲・戦災資料センター編『決定版 東京空襲写真集』勉誠出版、二〇一五年
参議院事務局編『貴族院秘密会議事速記録集』財団法人参友会、一九九五年
参謀本部編『明治三十七・八年秘密日露戦史』巌南堂書店、一九七七年
衆議院『帝国議会衆議院委員会議録』一九、臨川書店、一九八三年
衆議院事務局編『帝国議会衆議院秘密会議事速記録集』二、衆栄会、一九九六年
茶園義男編『東京湾要塞司令部極秘史料』第一巻・第二巻、現代史料出版、二〇〇四年
中央防災会議災害教訓の継承に関する専門調査会報告書『一八五五 安政江戸地震』二〇〇四年、『一九二三 関東大震災』第一編・第二編、二〇〇六・二〇〇九年
寺崎英成・マリコ・テラサキ・ミラー編著『昭和天皇独白録』文藝春秋、一九九五年
東京市政調査会編『帝都復興秘録』宝文館、一九三〇年
東京市役所編・発行『東京震災録』前輯、一九二六年

東京都編『東京都戦災誌』明元社、二〇〇五年
東京都公文書館編『都史資料集成　第一二巻　東京都防衛局の二九二〇日』東京都生活文化局広報広聴部都民の声課、二〇一二年
東京都防衛局編『現行防衛関係法規類集　全』帝国地方行政学会、一九四四年
東京府編・発行『東京府大正震災誌』一九二五年、中央出版社、復刻版一九七四年
『東京大空襲・戦災誌』編集委員会編『東京大空襲・戦災誌』第一～三（一九七三年）、五巻（一九七四年）、東京空襲を記録する会
平和博物館を創る会編著『銀座と戦争　増補版』平和のアトリエ、一九九三年
防衛庁防衛研修所戦史室「戦史叢書」朝雲新聞社
『中部太平洋陸軍作戦〈二〉ペリリュー・アンガウル・硫黄島』（一九六八年）／『本土防空作戦』（一九六八年）／『ミッドウェー海戦』（一九七一年）／『本土決戦準備〈一〉関東の防衛』（一九七一年）／『大本営陸軍部〈一〇〉昭和二十年八月まで』（一九七五年）
読売新聞社編『昭和史の天皇』二・三〈中公文庫〉中央公論新社、二〇一一・一二年

日記・自伝・全集

粟屋憲太郎・前坂俊之・大内信也編『水野広徳著作集』二、雄山閣出版、一九九五年
一色次郎『東京空襲』河出書房新社、一九六七年、復刻新版二〇一一年
伊藤　整『太平洋戦争日記』二・三、新潮社、一九八三年、二〇〇四年改版
伊藤隆・照沼康孝編『続・現代史資料　四　陸軍　畑俊六日誌』みすず書房、一九八三年

内田百閒『東京焼盡』〈中公文庫〉中央公論新社、一九七八年
岡野薫子『太平洋戦争下の学校生活』〈平凡社ライブラリー〉平凡社、二〇〇〇年
上林暁『上林暁全集』四、筑摩書房、一九六六年、増補決定版、二〇〇〇年
木戸幸一著・木戸日記研究会校訂『木戸幸一日記』下巻、東京大学出版会、一九六六年
小関智弘『東京大森海岸 ぼくの戦争』筑摩書房、二〇〇五年
徳川夢声『夢声戦争日記』二、中央公論社、一九六〇年
高見順『高見順日記』三、勁草書房、一九六四年
橋川文三編・清沢洌著『暗黒日記』三〈ちくま学芸文庫〉筑摩書房、二〇〇二年
原奎一郎編『原敬日記』二・三、福村出版、一九六五年
半藤一利『15歳の東京大空襲』〈ちくまプリマー新書〉筑摩書房、二〇一〇年
東久邇稔彦『東久邇日記—日本激動期の秘録—』徳間書店、一九六八年
古川ロッパ著・滝大作監修『古川ロッパ昭和日記』戦中篇、晶文社、二〇〇七年
松尾公就「石川光陽筆『大東亜戦争と空襲日記』(一)」『昭和のくらし研究』七、二〇〇九年
矢部貞治『矢部貞治日記』銀杏の巻、読売新聞社、一九七四年
山田風太郎『戦中派虫けら日記—滅失への青春—』〈ちくま文庫〉筑摩書房、一九九八年
山本周五郎『山本周五郎戦中日記』角川春樹事務所、二〇一一年

団体史・自治体史

荒川下流誌編纂委員会編『荒川下流誌/本編』リバーフロント整備センター、二〇〇五年

大阪市南大江青年団編・発行『沿革誌』一九二九年
大阪市連合青年団編『創立二十周年記念大阪市連合青年団史』大阪市役所、一九三八年
恩賜上野動物園編・東京都著『上野動物園百年史』第一法規出版、一九八二年
神奈川県警察史編さん委員会編『神奈川県警察史』下巻、神奈川県警察本部、一九七四年
気象庁編『気象百年史』日本気象学会、一九七五年
栗原東洋『四街道町史』兵事編上巻、四街道町役場、一九七六年
警視庁史編さん委員会編・発行『警視庁史』明治編・大正編・昭和前編、一九五九・六〇・六二年
国土交通省関東地方整備局東京湾口航路事務所編・発行『富津市富津第二海堡跡調査報告書』二〇一四年
下志津（高射学校）修親会編『高射戦史』田中書店、一九七八年
全国憲友会連合会編纂委員会編『日本憲兵正史』全国憲友会連合会本部、一九七六年
第一生命保険相互会社五十年史編纂室編『第一生命五十五年史』第一生命保険相互会社、一九五八年
東京の消防百年記念行事推進委員会編『東京の消防百年の歩み』全国消防長会、一九八〇年
東京百年史編集委員会編・東京都著作『東京百年史』第三巻・第五巻、ぎょうせい、一九七九年
東京湾第三海堡建設史刊行委員会編『東京湾第三海堡建設史』国土交通省関東地方整備局東京湾口航路事務所、二〇〇五年
日本放送協会編『二〇世紀放送史』上、日本放送出版協会、二〇〇一年
横須賀市編・発行『新横須賀市史』別編・軍事、二〇一二年

著者紹介

一九七〇年、千葉県に生まれる
一九九四年、東京大学文学部卒業
二〇〇〇年、東京大学大学院人文社会系研究科博士課程単位取得退学
現在、神田外語大学外国語学部国際コミュニケーション学科教授・同大日本研究所所長、博士（文学）

主要編著書・論文
『近代日本の「国民防空」体制』（神田外語大学出版局、二〇一〇年）
『日記に読む近代日本4 昭和前期』〈編〉（吉川弘文館、二〇一一年）
「総力戦体制下の日本の自然災害」（史学会編『災害・環境から戦争を読む』山川出版社、二〇一五年）

歴史文化ライブラリー
452

帝都防衛
戦争・災害・テロ

二〇一七年（平成二十九）九月一日　第一刷発行

著　者　土《つち》田《だ》宏《ひろ》成《しげ》
発行者　吉川道郎
発行所　株式会社 吉川弘文館
東京都文京区本郷七丁目二番八号
郵便番号一一三―〇〇三三
電話〇三―三八一三―九一五一〈代表〉
振替口座〇〇一〇〇―五―二四四
http://www.yoshikawa-k.co.jp/
印刷＝株式会社 平文社
製本＝ナショナル製本協同組合
装幀＝清水良洋・柴崎精治

ISBN978-4-642-05852-0

歴史文化ライブラリー

1996. 10

刊行のことば

現今の日本および国際社会は、さまざまな面で大変動の時代を迎えておりますが、近づきつつある二十一世紀は人類史の到達点として、物質的な繁栄のみならず文化や自然・社会環境を謳歌できる平和な社会でなければなりません。しかしながら高度成長・技術革新にともなう急激な変貌は「自己本位な刹那主義」の風潮を生みだし、先人が築いてきた歴史や文化に学ぶ余裕もなく、いまだ明るい人類の将来が展望できていないようにも見えます。

このような状況を踏まえ、よりよい二十一世紀社会を築くために、人類誕生から現在に至る「人類の遺産・教訓」としてのあらゆる分野の歴史と文化を「歴史文化ライブラリー」として刊行することといたしました。

小社は、安政四年（一八五七）の創業以来、一貫して歴史学を中心とした専門出版社として書籍を刊行しつづけてまいりました。その経験を生かし、学問成果にもとづいた本叢書を刊行し社会的要請に応えて行きたいと考えております。

現代は、マスメディアが発達した高度情報化社会といわれますが、私どもはあくまでも活字を主体とした出版こそ、ものの本質を考える基礎と信じ、本叢書をとおして社会に訴えてまいりたいと思います。これから生まれでる一冊一冊が、それぞれの読者を知的冒険の旅へと誘い、希望に満ちた人類の未来を構築する糧となれば幸いです。

吉川弘文館

歴史文化ライブラリー

近・現代史

五稜郭の戦い 蝦夷地の終焉 ―― 菊池勇夫
幕末明治 横浜写真館物語 ―― 斎藤多喜夫
水戸学と明治維新 ―― 吉田俊純
大久保利通と明治維新 ―― 佐々木 克
旧幕臣の明治維新 沼津兵学校とその群像 ―― 樋口雄彦
維新政府の密偵たち 御庭番と警察のあいだ ―― 大日方純夫
明治維新と豪農 古橋暉皃の生涯 ―― 高木俊輔
京都に残った公家たち 華族の近代 ―― 刑部芳則
文明開化 失われた風俗 ―― 百瀬 響
西南戦争 戦争の大義と動員される民衆 ―― 猪飼隆明
大久保利通と東アジア 国家構想と外交戦略 ―― 勝田政治
自由民権運動の系譜 近代日本の言論の力 ―― 稲田雅洋
明治の政治家と信仰 クリスチャン民権家の肖像 ―― 小川原正道
日赤の創始者 佐野常民《つねたみ》 ―― 吉川龍子
文明開化と差別 ―― 今西 一
アマテラスと天皇 〈政治シンボル〉の近代史 ―― 千葉 慶
大元帥と皇族軍人 明治編 ―― 小田部雄次
明治の皇室建築 国家が求めた〈和風〉像 ―― 小沢朝江
皇居の近現代史 開かれた皇室像の誕生 ―― 河西秀哉
明治神宮の出現 ―― 山口輝臣
神都物語 伊勢神宮の近現代史 ―― ジョン・ブリーン
日清・日露戦争と写真報道 戦場を駆ける写真師たち ―― 井上祐子
博覧会と明治の日本 ―― 國 雄行
公園の誕生 ―― 小野良平
啄木短歌に時代を読む ―― 近藤典彦
鉄道忌避伝説の謎 汽車が来た町、来なかった町 ―― 青木栄一
軍隊を誘致せよ 陸海軍と都市形成 ―― 松下孝昭
家庭料理の近代 ―― 江原絢子
お米と食の近代史 ―― 大豆生田 稔
日本酒の近現代史 酒造地の誕生 ―― 鈴木芳行
失業と救済の近代史 ―― 加瀬和俊
近代日本の就職難物語 「高等遊民」になるけれど ―― 町田祐一
選挙違反の歴史 ウラからみた日本の一〇〇年 ―― 季武嘉也
海外観光旅行の誕生 ―― 有山輝雄
関東大震災と戒厳令 ―― 松尾章一
モダン都市の誕生 大阪の街・東京の街 ―― 橋爪紳也
激動昭和と浜口雄幸 ―― 川田 稔
昭和天皇とスポーツ 〈玉体〉の近代史 ―― 坂上康博
昭和天皇側近たちの戦争 ―― 茶谷誠一
大元帥と皇族軍人 大正・昭和編 ―― 小田部雄次
海軍将校たちの太平洋戦争 ―― 手嶋泰伸